Kreativ mit Karin

# UPCYCLING SPASS

44 lustige Projekte aus Eierkarton, Milchtüte und Co.



Karin Andersson

CV

Dieses Buch gehört:

# INHALT

# HALLO BASTELFANS!

Ich **liebe** es zu basteln und zu kreieren, vor allem mit wiederverwendbaren Materialien, die eigentlich weggeworfen oder recycelt werden sollten.

Ich mag die Herausforderung, neue Verwendungsmöglichkeiten zu finden und ein Material aus dem Alltag in etwas Verspieltes oder Schönes für zu Hause zu verwandeln.

In diesem Buch teile ich meine **besten Tipps und Tricks,** wenn es um Materialien und deren Verwendung geht.

Ich hoffe, dass das Buch Jung und Alt zu vielen gemeinsamen kreativen Bastelmomenten inspirieren und zu einer Denkweise beitragen kann, die Geldbeutel und Umwelt schont!

Willkommen in meiner Bastelwelt!

Kreativa

KREATIVA
KARIN

Ich möchte gerne mit den Dingen beginnen, die man beim Basteln und Gestalten braucht, und euch meine **LIEBLINGSSACHEN** zeigen, die ich jeden Tag benutze!

## TOP 5

1. Eine richtig gute Schere
2. Eine Niedrigtemperatur-Klebepistole
3. Matte Hobbyfarben
4. Ein glänzender Decoupage-Lack
5. Ein schwarzer Acrylstift

# MALEN

Ich mische meine Farben oft selbst. Du kannst leere Gläser nehmen und deine **Lieblingsfarben** mit Weiß mischen. So erhältst du verschiedene Pastelltöne, die ich so sehr liebe. Gieße einfach die Farben jeweils in ein Glas, mache den Deckel zu und schüttle es!

**FARBE!**

Hobbyfarbe, Temperafarbe oder Acrylfarbe sind super für alle Bastelprojekte und oft sowohl matt als auch in glänzend erhältlich. Ich verwende fast immer **matte Hobbyfarbe.** Ich finde, sie haftet und deckt besser, außerdem trocknet sie schneller!

# DEKORIEREN

**STREICHEN, MALEN, ZEICHNEN, TUPFEN, SKIZZIEREN!**

Beim Basteln verwende ich oft breite und schmale **Pinsel.** Für runde Punkte wie Augen oder Wangen sind **Wattestäbchen** super, dann entsteht ein natürlicher und perfekter, runder Punkt. Für ganz kleine Projekte eignen sich **Zahnstocher** gut, z. B. für einen kleinen Spiegelpunkt in einem Auge.

**Stifte** sind nützlich für dünne Details und wenn du etwas mehr Stabilität in der Hand haben möchtest. **Acrylstifte** sind gut, da sie auf den meisten Materialien und auf dunklen Oberflächen haften.

# LÖCHER MACHEN

**DURCHSCHNEIDEN, ABSCHNEIDEN, TEILEN, LOCHEN, STANZEN!**

Ich empfehle immer, in eine gute **Schere** zu investieren. Wenn man sie pflegt und gelegentlich schärft, kann sie ein Leben lang halten. Ich verwende meist eine große Universalschere und eine kleinere Papierschere für die Details. Ein **Locher** sowie eine **Nadel** sind immer gut, damit du große und kleine Löcher in dein Projekt stanzen kannst.

Manchmal kann man auch ein scharfes **Messer** gut gebrauchen, aber sei damit sehr vorsichtig und lass dir von einem Erwachsenen helfen, wenn du es verwendest.

# BEFESTIGEN

## KLEBEN, LACKIEREN, BEFESTIGEN!

Ich verwende nur drei verschiedene Arten von Kleber. Am häufigsten arbeite ich mit der Klebepistole, sie ist wirklich der beste Freund eines Bastelfans. Der Kleber ist stark und härtet schnell aus. Mit einer Niedrigtemperatur-Klebepistole für Kinder wird der Kleber nicht gefährlich heiß, aber sei trotzdem vorsichtig und verbrenne dich nicht.

**Klebestifte** eignen sich perfekt zum Basteln mit Papier und für Dinge, die man noch etwas verschieben will, bevor der Kleber hart ist.

**Decoupage-Kleber** oder -Lack ist auch super. Das ist ein flüssiger Kleber, den du mit einem Pinsel auftragen kannst, aber auch ein Lack, der dein Projekt vor Abnutzung schützt. Decoupage-Kleber/-Lack ist sowohl matt als auch glänzend erhältlich. Ich mag es, wenn die Oberfläche glänzt und haltbar wird und wähle fast immer glänzend.

# Kork

**KORK** ist ein Material, das ich erst nach einer Weile entdeckt habe, das aber beim Basteln unglaublich nützlich ist.

Korken gibt es in vielen Größen und Formen. Meine Favoriten sind die etwas größeren mit einer schmalen „Taille" in der Mitte. Die Form inspiriert zu verschiedenen, kleinen Figuren, Früchten und Tieren. Die größeren Korken findet man oft auf Flaschen mit kohlesäurehaltigen Getränken. Ich bitte oft Freunde und Familie, sie mir mitzubringen. Man kann auch in Restaurants nach Korken fragen, manchmal hat man Glück und bekommt welche.

Die etwas schmaleren Korken lassen sich gut der Länge oder Breite nach durchschneiden und ergeben so kleine Scheiben für Augen oder Ohren.

Kork ist außerdem ein leichtes Material, das sich gut bemalen lässt. Es nimmt die Farbe schön auf, sodass schon wenige Schichten gut abdecken.

Auf den folgenden Seiten kannst du dich von vier meiner Kork-Basteleien inspirieren lassen. Ich hoffe, du bastelst mit!

Hallo, hallo!
DIAMANT
BARONE RICASOLI

# Langhals-GIRAFFEN

Mit ein paar **KORKEN** in verschiedenen Formen kannst du diese süßen Giraffen basteln.

*Du brauchst:*

- Eierschachtel
- Korken
- Wattestäbchen
- Schere
- Messer
- Klebepistole
- Farbe
- Pinsel

**TIPP!**

Bitte lass dir beim Umgang mit dem Messer von einem Erwachsenen helfen, damit du dich nicht verletzt.

## So geht's:

**1.** Du brauchst fünf gerade Korken und einen Sektkorken, ein Wattestäbchen und ein Stück Eierschachtel.

**2.** Klebe drei gerade Korken und den Sektkorken zusammen, der den Kopf der Giraffe bilden soll.

**3.** Schneide einen der restlichen Korken in vier lange Teile und schneide die Enden leicht schräg ab.

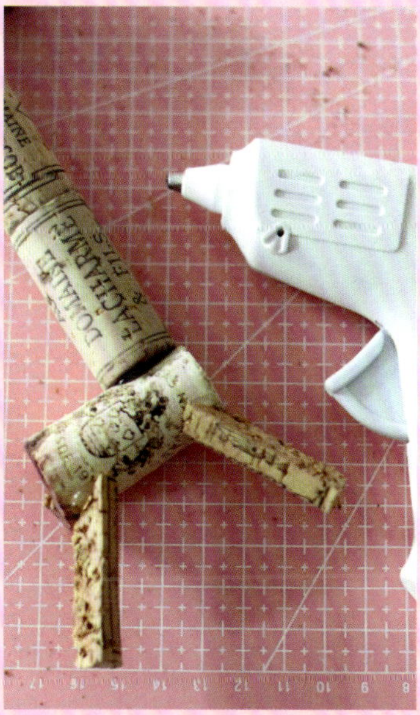

**4.** Befestige die Beine leicht schräg am Körper, damit die Giraffe stabil steht und ihren langen Hals halten kann.

**5.** Die übrigen Kleinteile kannst du als Schwanz und Ohren anbringen. Das Wattestäbchen wird zu kleinen Hörnern, und die Augen schneidest du aus der Eierschachtel aus.

**6.** Bemale den Körper der Giraffe mit vielen Details. Ich habe matte Hobbyfarbe verwendet und zwei Schichten aufgetragen.

# Kork PIRATEN AUF FLOß

Bastle aus **KORK** und einer Eierschachtel schwimmende Flöße und Piraten auf Raubzügen.

*Du brauchst:*

- Korken
- Eierschachtel
- Grillspieß
- Gummiband
- Nadel
- Klebepistole
- Farbe
- Pinsel
- Schere

# So geht's:

**1.** Du brauchst eine Eierschachtel, drei gerade Korken, einen Sektkorken, einen Grillspieß und zwei Gummibänder.

**2.** Bemale zuerst alle Korken.

**3.** Fixiere die Korken mit den beiden Gummibändern und bohre mit einer Nadel ein Loch in den mittleren Korken. Stecke den Grillspieß fest hinein und bemale ihn.

**4.** Schneide aus der Eierschachtel die Teile für den Piraten aus: zwei gleiche Teile für den Piratenhut, eine Augenklappe und zwei Wangen.

**5.** Klebe die Details auf und bemale sie mit Hobby- oder Acrylfarbe. Mit einem Zahnstocher kannst du ein kleines, weißes Highlight ins Auge setzen.

**6.** Schneide aus dem Deckel der Eierschachtel ein Segel und einen kleinen Wimpel aus und bemale beides.

**7.** Male Totenköpfe auf das Segel und den Wimpel. Stich mit einer Nadel je ein Loch oben und unten ins Segel und stecke es durch den Spieß auf dem Floß.

**8.** Jetzt sind die Piraten bereit, mit ihren Flößen zu ihrer ersten Fahrt aufzubrechen! Vielleicht finden sie den Weg zurück zu ihrem Schiff, das von einer Gruppe Papageien gekapert wurde.

# Schwimmende SCHLÜSSELANHÄNGER

**KORK** ist toll für Schlüsselanhänger – ein leichtes, schwimmendes Material, falls dein Schlüssel mal aus Versehen ins Wasser fällt! Du kannst bunte Streusel aufmalen oder eine leckere „Schokopraline" basteln.

# So geht's:

*Du brauchst:*

- Kork
- Kleine Schrauböse
- Farbe
- Pinsel
- Schlüsselring
- Lack

**1.** Du brauchst Korken und eine kleine Schrauböse, die du oben auf den Korken schrauben kannst.

**2.** Bemale deine Korken in mehreren Schichten mit matter Hobby- oder Acrylfarbe.

**3.** Male mit einem dünnen Pinsel Streusel oder andere Deko auf. Am besten lackierst du die Korken noch anschließend, damit die Farbe länger hält.

**4.** Wenn die Farbe trocken ist, kannst du die Korken an einem Schlüsselring befestigen. Vielleicht ist das ein schönes Geschenk für jemanden, den du magst?

# Spannendes DREI-GEWINNT-SPIEL

Hole die Box mit den Spielfiguren hervor und fordere deinen Freund oder deine Freundin zum lustigen Drei-Gewinnt-Spiel mit Erdbeer- und Ananasfiguren aus **KORK** heraus!

# So geht's:

**1.** Du brauchst eine leere Box mit Deckel, eine Eierschachtel und sechs Sektkorken.

**2.** Schneide aus der Eierschachtel die Blätter für die Ananas und die Erdbeeren aus und klebe sie oben auf die Korken.

**3.** Bemale die Korken und die Blätter mit matter Hobbyfarbe oder Acrylfarbe.

**4.** Male Augen, Mund und Wangen für das Gesicht und das Muster mit einem schwarzen und weißen Stift auf die Korken.

**5.** Bemale die Box mit ein paar Schichten in weißer Farbe.

**6.** Zeichne mit einem dünnen Pinsel oder einem schwarzen Stift ein Gittermuster, sodass neun Quadrate entstehen.

**7.** Wenn alles trocken ist, kannst du die Spielfiguren in der Box aufbewahren.

*Du brauchst:*

- Korken
- Eierschachtel
- Box mit Deckel
- Weißer Stift
- Schwarzer Stift
- Klebepistole
- Farbe
- Pinsel
- Schere

# Plastik

**PLASTIK** gibt es in jedem Haushalt zur Genüge, und bei uns wird der Gelbe Sack immer zuerst voll. Vor dem Sortieren spüle ich alle Verpackungen aus und hebe Flaschen, Dosen und Behälter auf, die ich schön finde und wahrscheinlich noch verwenden kann.

Meine Favoriten sind Dosen mit Deckel, perfekt zur Aufbewahrung. Verschiedene Flaschen in allen möglichen Formen können zu Tieren oder Vasen werden. Mit ein bisschen Farbe kann man fast alles noch verwenden und zu neuem Leben erwecken.

Plastik ist tatsächlich einfacher zu bemalen, als man denkt. Matte Farbe haftet sehr gut auf Kunststoff. Ich male immer ein paar Schichten und gebe zuletzt Lack darüber, damit die Oberfläche besser hält.

Plastik kann man auch schneiden und das Material in etwas völlig anderes verwandeln. Mach mit, ich habe vier lustige Vorschläge für dich, was du mit Plastikverpackungen machen kannst, die du vielleicht schon zu Hause hast!

fresh
Coco & Shea Butter
SHOWER CREAM

# *Rasantes* BOWLINGSPIEL

Baue eine Bahn auf und spiele eine Runde Bowling mit Mini-Kegeln aus **PLASTIKFLASCHEN.**

*Du brauchst:*

Plastikflaschen
Schwarzer Stift
Styroporkugel
Farbe
Pinsel

## So geht's:

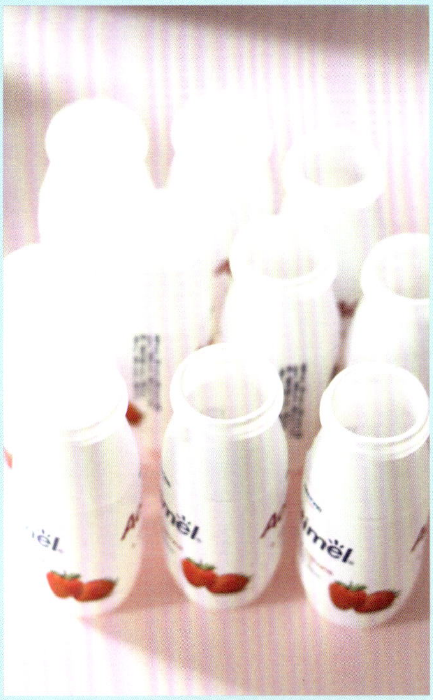

**1.** Du brauchst ein paar große oder kleine Plastikflaschen. Ich habe zehn kleine Trinkjoghurtflaschen genommen.

**2.** Entferne alle Etiketten und bemale die Flaschen mit verschiedenen matten Hobby- oder Acrylfarben.

**3.** Details wie Augen und Mund kannst du mit einem dünnen Pinsel oder einem schwarzen Acrylstift aufzeichnen.

**4.** Zum Bowling braucht man eine Kugel. Ich habe eine Styroporkugel genommen.

# Geheimnisvolle RAUMSCHIFFE

Nimm die Außerirdischen mit auf eine atemberaubende Reise durch die Galaxie in einem Raumschiff aus Papptellern und Trinkhalmen, Deckeln und Bechern aus **PLASTIK.**

*Du brauchst:*

Pappteller
Plastikbecher
Trinkhalme zum Biegen
Plastikdeckel
Blisterverpackung
Eisstiele
Styroporkugeln
Kleine Plastikflasche
Schere
Messer
Klebepistole
Farbe
Pinsel

## So geht's:

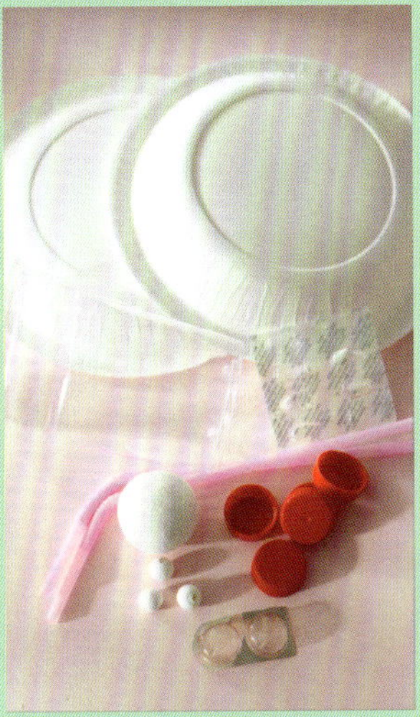

**1.** Du brauchst Pappteller, Plastikbecher, Blisterverpackungen, Strohhalme, Plastikdeckel, eine kleine Plastikflasche, Eisstiele und Styroporkugeln.

**2.** Klebe zuerst die beiden Pappteller zusammen und bemale sie mit silberner Farbe.

**3.** Bemale die Innenseite der Blisterverpackungen mit gelber Farbe. Bemale die Plastikdeckel in verschiedenen Farben.

**4.** Schneide die Tablettenbehälter aus und klebe sie in die Plastikdeckel. Klebe dann die Deckel um das Raumschiff herum. Male einen schwarzen Kreis in die Mitte des Raumschiffs.

**5.** Nimm eine Plastikflasche und klebe eine Styroporkugel als Kopf und drei weitere kleine Styroporkugeln als Augen des Außerirdischen fest. Bemale und dekoriere mit Hobbyfarbe.

**6.** Klebe den Außerirdischen in die Mitte des Raumschiffs. Trage mit der Klebepistole Kleber auf den Rand des Bechers auf und setze ihn über den Außerirdischen.

**7.** Nimm den gebogenen Teil des Trinkhalms und lege ihn zwischen das Glas und das Raumschiff. Befestige jedes Ende mit Kleber.

**8.** Mache mit dem Messer drei kleine Schnitte an der Unterseite des Raumschiffs und stecke die Eisstiele als Fahrwerk hinein.

# Einhorn-MASKE

Recycle Styroporschalen vom Lieferservice und bastle eine magische **EINHORNMASKE.**

*Du brauchst:*

Styroporschale
Bleistift
Schere
Messer
Klebepistole
Farbe
Pinsel
Gummischnur

# So geht's:

**1.** Du brauchst leere und saubere Styroporschalen, die Restaurants oder Gaststätten verwenden, um Essen zum Mitnehmen zu verpacken.

**2.** Skizziere zuerst die Form der Maske mit einem Bleistift. Du kannst auch schöne Muster in das Styropor zeichnen, indem du den Stift beim Zeichnen etwas fester nach unten drückst.

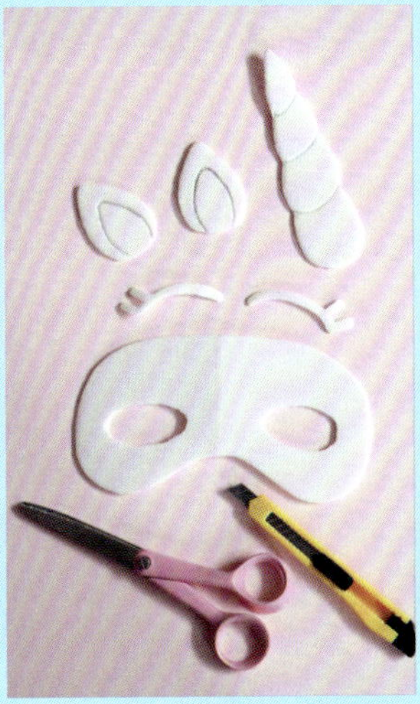

**3.** Schneide eine Maske, ein Horn, zwei Ohren und zwei Wimpern aus. Schneide mit einem Messer oder einer Schere zwei Löcher in die Maske für die Augen.

**4.** Schneide einen kleinen Kreis, fünf Blütenblätter und einen langen Streifen aus. Schneide Fransen in den Streifen. Rolle den Fransenstreifen zusammen, klebe ihn in die Mitte des Kreises und klebe die kleinen Blätter rundherum fest.

**5.** Bastle drei Blumen. Klebe Horn, Ohren, Wimpern und Blumen mit einer Klebepistole fest.

**6.** Bemale alle Details mit einer schönen, matten Farbe.

**7.** Für das Horn, die Wimpern und die Ränder der Blumen habe ich goldene Farbe verwendet.

**8.** Schneide mit dem Messer an beiden Seiten der Maske ein kleines Kreuz ein. Fädle eine Gummischnur durch und mache an jedem Ende einen Knoten.

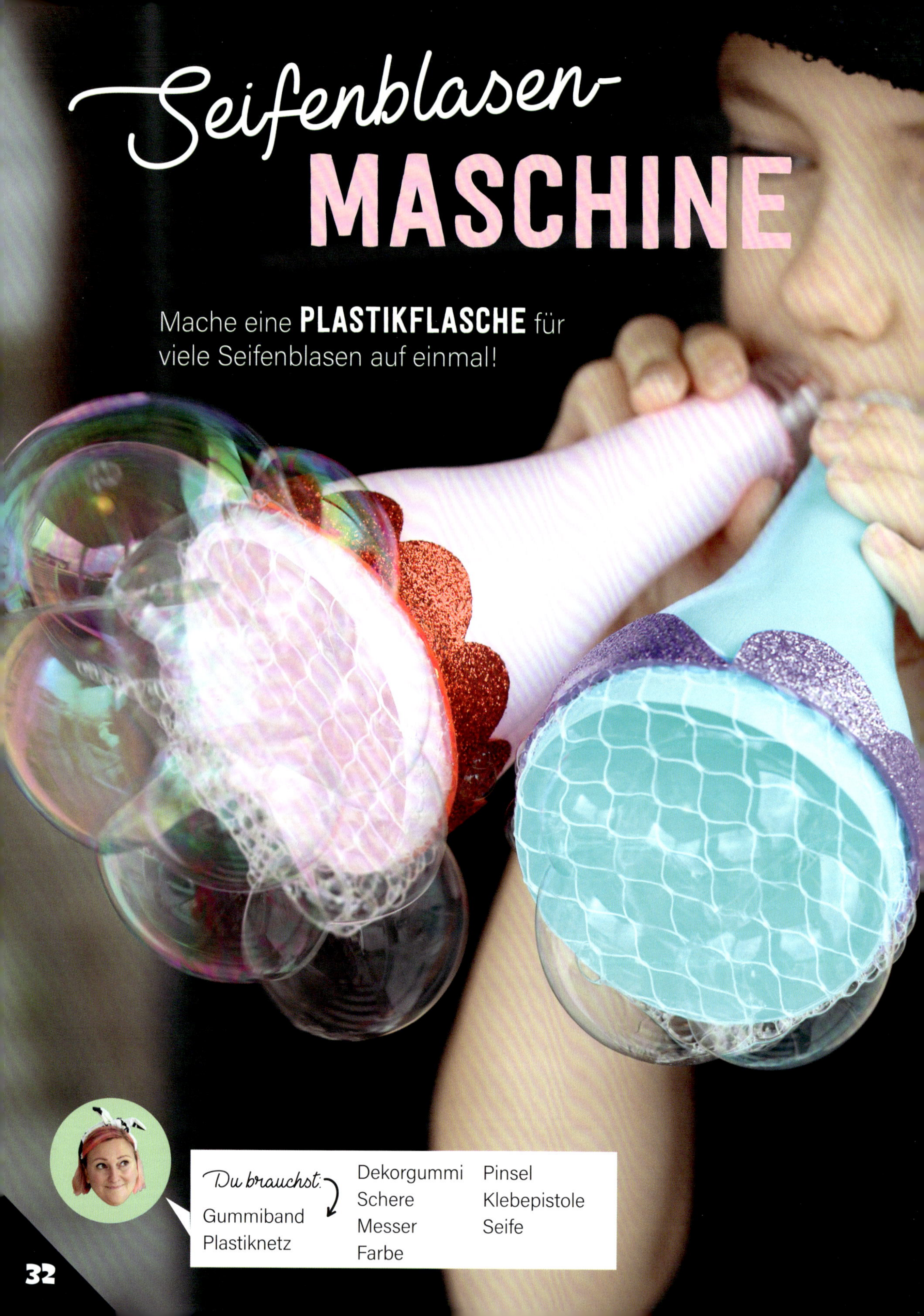

# Seifenblasen-MASCHINE

Mache eine **PLASTIKFLASCHE** für viele Seifenblasen auf einmal!

*Du brauchst:*

- Gummiband
- Plastiknetz
- Dekorgummi
- Schere
- Messer
- Farbe
- Pinsel
- Klebepistole
- Seife

## So geht's:

**1.** Du brauchst eine Plastikflasche, ein Plastiknetz einer Obst- oder Käseverpackung, ein Gummiband und etwas zum Dekorieren.

**2.** Schneide die Flasche mit einem Messer oder einer Schere durch. Den unteren Teil kannst du als Blumentopf oder Stiftebox nutzen.

**3.** Bemale die Flasche mit matter Hobby- oder Acrylfarbe.

**4.** Spanne das Netz über die Flasche und befestige es rund herum mit dem Gummiband. Schneide das übrige Netz ab, das über das Gummiband hinausragt.

**5.** Um das Netz sicher zu befestigen, kannst du ein Band oder ein Stück Dekorgummi über das Gummiband kleben.

**6.** Stelle dir eine Schüssel mit Seifenwasser bereit und tauche deine Blasmaschine hinein. Jetzt kannst du viele Seifenblasen auf einmal machen!

# Deckel

Ich hebe **DECKEL** in allen Formen auf. In der Küche habe ich eine Dose, in die ich alle kleinen Deckel von Milch- und Saftverpackungen lege. Man weiß ja nie, wann man ein paar hundert weiße Plastikdeckel braucht, oder?

Deckel haben bei vielen Verpackungen eine wichtige Funktion und sind Teil des Designs, aber manchmal bleiben sie übrig und können für andere Projekte verwendet werden.

Kleinere Deckel wie Flaschenverschlüsse oder Kappen eignen sich perfekt als Augen, kleine Hüte oder Reifen für ein Auto. Man kann auch viele verschiedene Spiele herstellen, z. B. Memory, wenn man kleine Bilder auf die Innenseiten klebt.

Größere Deckel lassen sich gut für Bilderrahmen oder Kühlschrankmagnete verwenden.

Sei gespannt auf das nächste Kapitel, in dem ich vier „deckelige" Bastelprojekte vorstelle!

# Gewinner-MEDAILLE

*Du brauchst:*

- Eierschachtel
- Großer Metall-deckel
- Schönes Band
- Schere
- Klebepistole
- Farbe
- Pinsel

Mache aus einem **DECKEL** eine coole Medaille und hänge sie dem oder der Gewinner*in eines Spiels oder jemandem, den du besonders ehren möchtest, um den Hals!

## So geht's:

**1.** Du brauchst einen etwas größeren Deckel und eine Eierschachtel.

**2.** Bemale den Deckel mit ein paar Schichten Hobby- oder Acrylfarbe.

**3.** Schneide aus dem Deckel der Eierschachtel flache Figuren aus, z. B. einen Pokal, eine Eins oder etwas anderes, um die Medaille damit zu verzieren.

**4.** Klebe die Dekorationen auf und bemale sie mit goldener Farbe.

**5.** Klebe ein Band auf die Rückseite der Medaille, damit sie sich um den Hals hängen lässt.

**6.** Jetzt kannst du den glücklichen Gewinner oder die glückliche Gewinnerin feiern!

# Kniffliges PUZZLE

Verwende die Halterung und den Deckel von Milchverpackungen und bastle ein lustiges Puzzle für die Kleinen!

*Du brauchst:*

- Großes Stück Pappe
- Milchverpackungen
- Schere
- Messer
- Klebepistole
- Farbe
- Pinsel
- Schwarzer Stift
- Weißer Stift

# So geht's:

**1.** Du brauchst die Deckel und Schraubhalterungen von Milchverpackungen und ein großes Stück Pappe.

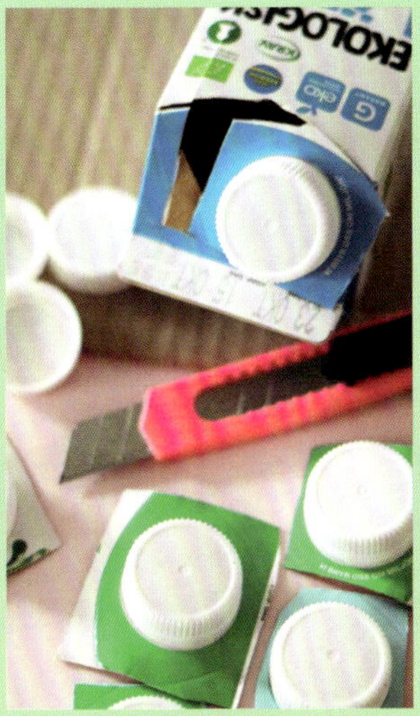


**2.** Schneide die Deckel mit einem Messer ab. Das geht am besten, wenn du ein Stück von der Milchverpackung mit herausschneidest.

**3.** Schneide die Kartonreste ab, sodass nur die Schraubhalterung und der Deckel übrig bleiben.

**4.** Überlege, welche runden Formen du im Puzzle verwenden kannst. Zeichne die Motive auf die Pappe und klebe die Schraubhalterung fest.

**5.** Bemale alle Figuren auf der Pappe und auch das Innere der Schraubhalterungen.

**6.** Details und Umrisse kannst du mit einem schwarzen oder weißen Stift malen.

**7.** Bemale und dekoriere alle Deckel der Figuren.

**8.** Jetzt ist Zeit, alle Puzzleteile richtig einzusetzen!

# Künstler*innen-PALETTE

Werde professionelle*r Künstler*in und mische deine Farben auf einer Palette aus Pappe.

*Du brauchst:*

Stück Pappe
Kleine Plastikdeckel
Schere
Messer
Klebepistole
Farbe
Pinsel

So geht's:

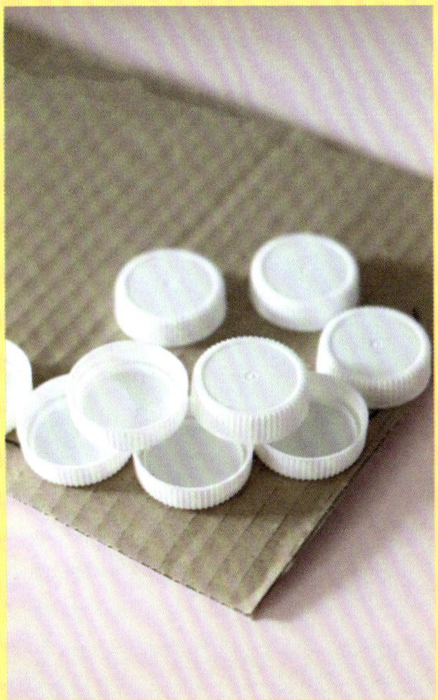

**1.** Du brauchst die Deckel und Schraubhalterungen von Milchverpackungen und ein großes Stück Pappe.

**2.** Schneide die Deckel mit einem Messer ab. Das geht am besten, wenn du ein Stück von der Milchverpackung mit herausschneidest.

**3.** Schneide die Kartonreste ab, sodass nur die Schraubhalterung und der Deckel übrig bleiben.

**4.** Überlege, welche runden Formen du im Puzzle verwenden kannst. Zeichne die Motive auf die Pappe und klebe die Schraubhalterung fest.

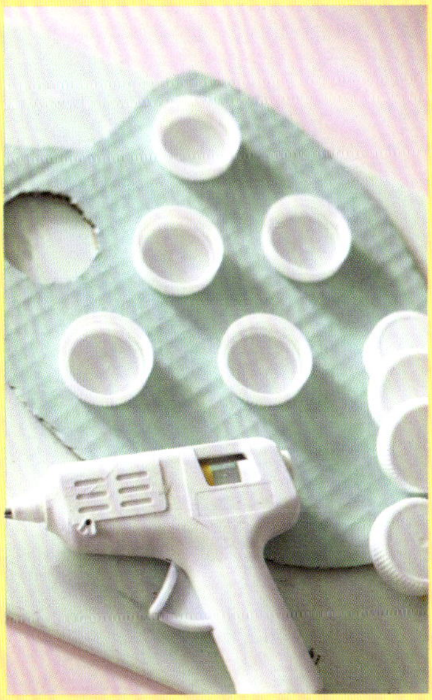

**5.** Bemale alle Figuren auf der Pappe und auch das Innere der Schraubhalterungen.

**6.** Details und Umrisse kannst du mit einem schwarzen oder weißen Stift malen.

# Regenbogen-UHR

Übe Stunden, Minuten und Farben mithilfe einer schönen **PAPPUHR** in allen Farben des Regenbogens.

## So geht's:

*Du brauchst:*

- Pappe
- Kleine Plastikdeckel
- Eierschachtel
- Farbe
- Pinsel
- Schere
- Musterklammer
- Locher

**1.** Du brauchst ein großes Stück Pappe und 12 kleine Plastikdeckel.

**2.** Bemale das Zifferblatt. Ich habe mich für schwarze und weiße Streifen entschieden.

**3.** Bemale die Deckel in verschiedenen Farben und schreibe die Zahlen 1–12 darauf.

**4.** Fertige eine runde Schablone an, die etwas größer als der Deckel ist, und umrande sie mit Bleistift. Bemale die Kreise in verschiedenen Farben.

**5.** Schneide zwei Zeiger aus Pappe oder Eierschachtel aus und bohre ein Loch in die Mitte des Zifferblatts und an die Enden der Zeiger. Bemale die Zeiger mit goldener Farbe.

**6.** Stecke eine kleine Musterklammer durch die Zeiger und die Mitte des Zifferblatts. Biege die zwei Stifte auf der Rückseite auseinander, dann sitzen die Zeiger sicher und du kannst sie drehen.

# Glas

**GLAS** ist ein sehr schönes und langlebiges Material. Ich wähle Produkte im Supermarkt oft danach aus, wie die Verpackung aussieht. Man möchte ja gutes Material zum Basteln kostenlos bekommen, nicht wahr? Mit Gläsern und stilvollen Glasflaschen bekommt man mit der Roten Bete oder dem Olivenöl zusätzlich noch etwas Schönes obendrauf!

Ich reinige meine Gläser immer gründlich mit Spülmittel und lasse sie eine Weile im Wasserbad liegen, bis sich das Etikett löst.

Manche Gläser haben einen hübschen Deckel, den man einfach so behalten möchte. Andere wiederum möchte man gern nach eigenen Vorstellungen bemalen und dekorieren. Viele Gläser sind hitzebeständig, aber sicherheitshalber empfehle ich batteriebetriebene Teelichter, wenn man Teelichtgläser daraus machen möchte.

Da Glas ein schweres und stabiles Material ist, verwende ich es oft als Blumenvase oder zur Aufbewahrung schwererer Dinge, wie z. B. Scheren. Wenn du jemandem einen Blumenstrauß schenken möchtest, ist ein recyceltes Glas perfekt. So können die Blumen direkt auf den Tisch gestellt werden.

# Praktische VORRATSGLÄSER

Große und **KLEINE GLÄSER** eignen sich perfekt zum Aufbewahren von allen möglichen Dingen. Durch das durchsichtige Material lässt sich gut erkennen, was sich darin befindet.

## So geht's:

**1.** Nimm ein altes Glasgefäß und schraube den Deckel ab. Schau ab Seite 34 nach, welche lustigen Sachen du mit den Deckeln machen kannst.

**2.** Male mit weißer Farbe eine Halbmondform auf eine Seite des Glases. Trage einige Schichten auf, bis die Farbe deckt.

**3.** Zeichne Verzierungen und kleinere Details mit einem dünneren Pinsel.

**4.** Ich lackiere mein Motiv zum Schluss immer, damit die Farbe besser hält.

**5.** Probier mal, den Rand in Regenbogenfarben zu bemalen. Oder wähle eine Farbe aus und bewahre Stifte in derselben Farbe im Glas auf.

*Du brauchst:*

Gläser
Farbe
Pinsel
Decoupage-Lack

# Gemütliche GARNVASEN

Umwickle **GLASFLASCHEN** und **GLÄSER** mit Garn und gestalte schöne, farbenfrohe Vasen.

# So geht's:

**1.** Du brauchst ein Glasgefäß oder eine Glasflasche, Garn und Kleber oder Decoupage-Lack.

**2.** Klebe den Anfang des Garnfadens mit etwas Flüssigkleber fest und wickle das Garn dann von oben nach unten um das Glas.

**3.** Klebe das Ende des Garns auch fest. Schneide kleine Fäden in Schwarz ab und klebe sie als kleinen Mund und Augen fest.

**4.** Für die Wangen oder Augen schneide einen etwas längeren Faden ab und lege ihn zu einem Kreis, trage mit einem Pinsel etwas Kleber darunter auf.

**5.** Du erhältst schöne, stabile Gläser, die sich gut eignen, um etwas schwerere Gegenstände wie Scheren und Stifte aufzubewahren.

*Du brauchst:*

Glas/Glasflasche
Garn
Kleber/Lack
Pinsel
Schere

# Leuchtende KERZEN-HALTER

*Du brauchst:*

Glas
Transparentpapier
Schere
Kleber/Lack
Pinsel

Bastle einfache und stimmungsvoll leuchtende Kerzenhalter aus **GLÄSERN.** Alles, was du brauchst, ist Transparentpapier und Lack!

**TIPP!**
Verwende sicherheitshalber ein batteriebetriebenes Teelicht.

# So geht's:

**1.** Nimm ein altes Glasgefäß und entferne den Deckel. Auf Seite 34 kannst du nachlesen, was man alles mit Deckeln machen kann.

**2.** Lege das Glas etwa 20 Minuten lang in ein heißes Wasserbad, dann löst sich das Etikett leicht von selbst.

**3.** Schneide einige schöne Formen aus Transparentpapier aus. Du kannst auch die obere Lage einer Serviette verwenden.

**4.** Streiche Lack auf das Glas und befestige die Stücke aus Transparentpapier daran. Der Lack funktioniert auch als Kleber.

**5.** Trage auch eine dünne Schicht Lack auf das Transparentpapier auf, dadurch wird die Oberfläche haltbar.

**6.** Stelle ein Teelicht hinein und mache es dir gemütlich.

# Erhebender KAUGUMMI-AUTOMAT

Baue einen super-coolen Kaugummi-automaten aus einem Glas und einem **BLUMENTOPF** mit Unterteller.

*Du brauchst:*

Glas
Klopapierrolle
Blumentopf
Unterteller
Styroporkugeln
Zeitungspapier
Gummibänder
Eierschachtel
Klebepistole
Schere
Farbe
Pinsel

## So geht's:

**1.** Teile den Blumentopf und den Unterteller mit vier Gummibändern in verschiedene Sektionen auf. Dann siehst du genau, wo du die verschiedenen Farben aufmalen sollst.

**2.** Bemale den Blumentopf und den Unterteller in Streifen mit Hobby- oder Acrylfarbe.

**3.** Schneide Stücke aus einer Eierschachtel, die wie ein Drehgriff und eine Öffnung aussehen. Es funktioniert ja nicht wirklich, aber ist ein schönes Detail.

**4.** Bemale den Drehgriff mit silberner und die Öffnung mit schwarzer Farbe. Klebe sie dann an den Blumentopf.

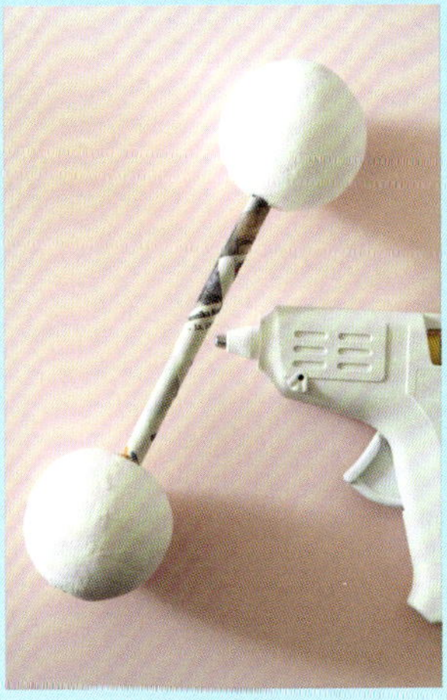

**5.** Bastle eine Hantel aus zwei Styroporkugeln (sie müssen leicht sein) und einem Papierröhrchen. Auf Seite 98 kannst du nachlesen, wie du Papierröhrchen aus Zeitungspapier machen kannst.

**6.** Befestige eine Styroporkugel als Kopf auf einer Klopapierrolle, schneide Arme und Details aus einer Eierschachtel aus und klebe sie mit der Klebepistole fest.

**7.** Bemale alle Details.

**8.** Befestige den Gewichtheber mit der Klebepistole auf dem Unterteller. Befülle das Glas mit Kaugummi und stelle den Unterteller mit dem Gewichtheber als Deckel obendrauf.

# Getränke-verpackungen

Fast jeder hat **GETRÄNKEVERPACKUNGEN** zu Hause und verwendet sie täglich. Es handelt sich um eine Einwegverpackung für Lebensmittel wie Milch, Saft und vieles mehr.

An diesen Verpackungen gefallen mir die Formen am besten, weil sie sich leicht in verschiedene Häuser oder Schiffe verwandeln lassen. Man kann sie auch durchschneiden. Da sie wasserfest sind, eignen sie sich perfekt zum Aussäen und Vorziehen von Pflanzen.

Die Oberfläche der Verpackungen ist allerdings oft so behandelt, dass sie sich nur schwer bemalen lässt. Mein bester Tipp: Beginne mit einer matten, weißen Grundfarbe und mache dann weiter mit einer Farbe nach Wunsch. Man kann auch Sprühfarbe verwenden, damit bekommt man ein wirklich schönes Finish, und die Farbe deckt normalerweise nach zwei dünnen Schichten.

Blättere um und entdecke vier meiner besten Projekte aus Getränke-packungen!

EKOLOGISK MELLANMJÖLK 1,5% FETT
VISSTE DU ATT!
FRÅN VÅRA SVENSKA
1 liter
Solevita
Fjällfil med skruvkork?
Naturligtvis.
VISPGRÄDDE

# Cooler EISWAGEN

Verwandle eine **MILCHPACKUNG** in den coolsten Eiswagen des Sommers.

*Du brauchst:*

Eierschachtel
Milchpackung
Pappe
Schere
Messer
Klebepistole
Farbe
Pinsel
Transparentpapier
Schwarzer und weißer Stift

# So geht's:

**1.** Bemale zuerst eine Milchpackung. Du musst vielleicht mehrere Schichten auftragen, bevor die Farbe deckt.

**2.** Nimm etwas Rundes als Vorlage und schneide aus einem Stück Pappe oder dickerem Papier vier Räder aus.

**3.** Bemale die Räder und befestige sie mit der Klebepistole am Eiswagen.

**4.** Schneide Markisen, Fenster und Tür aus dem Deckel einer Eierschachtel aus, bemale und klebe sie fest.

**5.** Schneide den Plastikdeckel der Milchpackung mit einem Messer heraus. Lass dir von einer oder einem Erwachsenen helfen, damit du dich nicht verletzt.

**6.** Klebe ein Stück Pappe an die Stelle, wo sich der Deckel befand. Das wird die Windschutzscheibe des Eiswagens.

**7.** Schneide einen Fahrer oder eine Fahrerin aus, zeichne ihn mit einem schwarzen Stift nach und befestige ihn mit der Klebepistole am Fahrersitz.

**8.** Bastle aus einer Eierschachtel, Farbe und einem weißen Stift kleine Eiswaffeln und fülle sie mit Transparentpapier. Befestige die Eiswaffeln mit der Klebepistole auf dem Dach des Eiswagens.

# Papageien-SCHIFF

Baue aus zwei **MILCH-PACKUNGEN** ein Schiff für die Papageien, damit sie die sieben Weltmeere erkunden können!

*Du brauchst:*

- Zwei Milch-packungen
- Korken
- Zeitungspapier
- Eierschachtel
- Klebepistole
- Schere
- Farbe
- Pinsel

# So geht's:

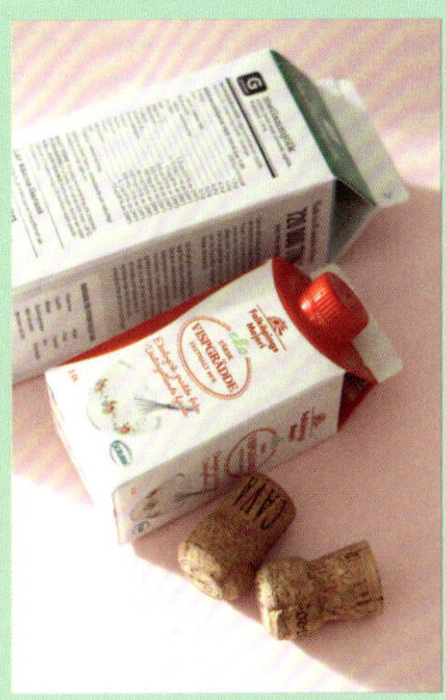

**1.** Du brauchst zwei Milchpackungen, Korken, Zeitungspapier und eine Eierschachtel.

**2.** Klebe den Boden einer Milchpackung auf die andere Milchpackung und befestige Papierröhrchen als Reling. Ab Seite 98 kannst du nachlesen, wie man Papierröhrchen macht.

**3.** Bemale das Schiff und die Reling.

**4.** Aus einer Eierschachtel schneidest du Segel, Fenster, Fahnen und einen Aussichtskorb aus. Bastle einen Mast aus einem Papierröhrchen.

**5.** Bemale alle Details und klebe sie fest. Unten am Schiff habe ich noch Wellen aufgemalt.

**6.** Schneide ein Loch in den Korb und stecke das Papierröhrchen durch. Loche oben und unten Löcher in das Segel und schiebe das Segel auf den Mast.

**7.** Mache auch ein Loch in das Schiff, z. B. mit einem Bleistift oder einem Grillspieß, und stecke den Mast hinein.

**8.** Bastle kleine Papageienpiraten und vielleicht noch einen Anker aus Korken und einer Eierschachtel und setze sie auf das Schiff.

# Lustiges ZIRKUSZELT

Der Zirkus der Korktiere ist in die Stadt gekommen. Willkommen im **GETRÄNKE-PACKUNG-ZELT!**

*Du brauchst:*

- Eierschachtel
- Milchpackung
- Korken
- Blechkorken
- Wattestäbchen
- Schere
- Messer
- Klebepistole
- Farbe
- Pinsel

# So geht's:

**1.** Du brauchst Milchpackungen, Eierschachteln, Korken, Wattestäbchen und Blechkorken.

**2.** Schneide zuerst den Boden der Milchpackung ab. Schneide dann mit einem Messer eine Tür und Dachzinnen in den oberen Teil der Milchpackung ein. Lass dir bitte von einem oder einer Erwachsenen helfen, damit du dich nicht verletzt.

**3.** Schneide aus dem Deckel einer Eierschachtel Buchstaben aus, die das Wort ZIRKUS bilden, und befestige sie mit der Klebepistole über dem Eingang.

**4.** Schneide einen geraden Korken mit einem Messer in Scheiben, als Jonglierbälle für den Panda. Hebe zwei davon für die Ohren des Affen auf. Schneide aus den Ohren ein kleines Dreieck heraus, dann lassen sie sich leichter am Kopf befestigen.

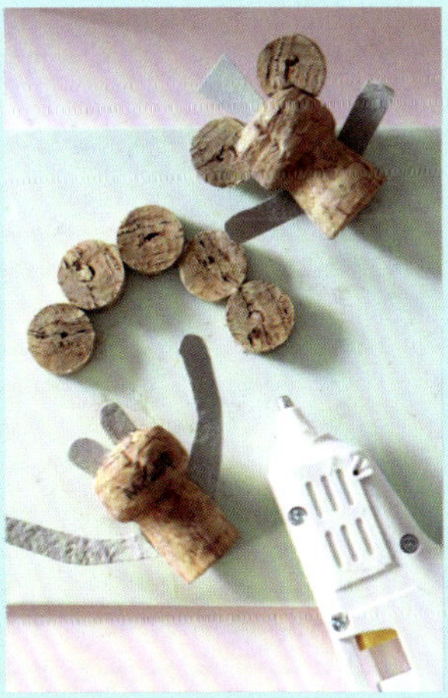

**5.** Klebe Ohren und Arme fest, die du vorher aus einer Eierschachtel ausgeschnitten hast. Klebe die Jonglierbälle nebeneinander in einem Bogen zusammen.

**6.** Klebe nun die Bälle an die Arme des Pandas und bemale die Korken.

**7.** Male die letzten Details. Benutze Wattestäbchen für die Wangen.

**8.** Bemale das Zirkuszelt mit Streifen.

# Schnell GEBAUTES HOCHHAUS

Öffne eine **MILCHPACKUNG** und baue Wohnungen in deinem Hochhaus.

*Du brauchst:*

Milchpackung
Eisstiele
Korken
Schere
Messer
Klebepistole
Farbe
Pinsel

# So geht's:

**1.** Du brauchst eine Milchpackung und etwa 22 Eisstiele.

**2.** Schneide eine ganze Seite der Milchpackung auf.

**3.** Schneide den ausgeschnittenen Teil in zwei Hälften. Diese Teile werden im nächsten Schritt zu Böden für die Wohnungen.

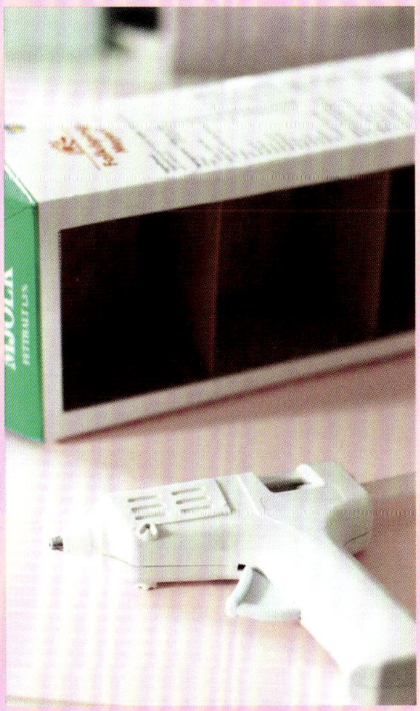


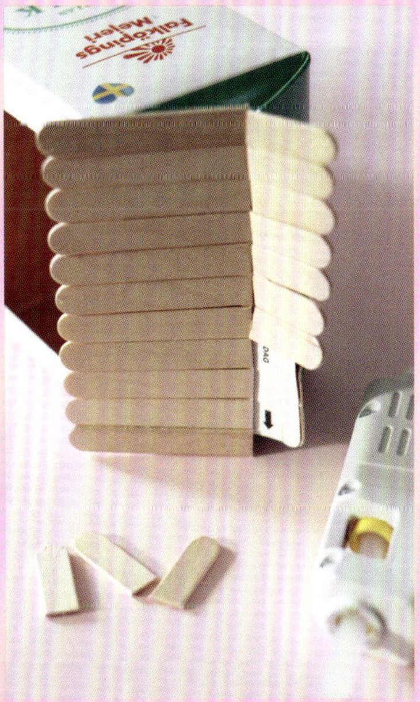

**4.** Klebe die beiden Pappstücke in die Milchpackung hinein.

**5.** Schneide die Eisstiele an einem Ende ab und klebe sie als Dach auf die Milchpackung.

**6.** Streiche die Wände und Decken. Ich habe mich für rosa Böden, eine schwarze Fassade und ein gestreiftes Dach entschieden. Jetzt können deine kleinen Freund*innen einziehen!

# Pappe

**PAPPE** ist ein tolles Material, das ich oft verwende. Wenn man bei großen Kartons den Deckel abschneidet und sie mit schönem Geschenkpapier oder einer Tapete beklebt, können sie als Aufbewahrung für Recycling, Stoffe, Kleidung oder Spielzeug wiederverwendet werden.

Kleinere Verpackungen, die in der Küche übrig bleiben, lassen sich hervorragend in etwas anderes verwandeln. Schneide Teile aus und setze sie einfach zu etwas Neuem zusammen oder verwende die Originalform und lasse dich davon inspirieren.

Du brauchst eine Schere oder ein Messer zum Schneiden der Pappe, aber denke daran, die Hilfe eines oder einer Erwachsenen in Anspruch zu nehmen, damit du dich nicht schneidest.

Die braune, unbehandelte Oberfläche der Pappe gefällt mir sehr gut. Sie lässt sich leicht ganz oder teilweise bemalen. Es ergibt einen schönen Effekt, wenn die braune Farbe durchscheint.

Sei dabei, hier sind vier spannende Projekte, die dir hoffentlich gefallen werden!

Kungsörnen
Ideal®
makaroner
KOKTID 7–8 MIN
Serveringsförslag
1,3 kg
Gel Food Colour Set
Marabou
Noblesse
havssalt crisp
Marabou
Noblesse
apelsin crisp

*Festliche*

# KUCHEN-ETAGERE

Jedes Fest wird perfekt mit einem fröhlichen Clown-Teller in drei Etagen aus **PAPPE!**

*Du brauchst:*

- Küchenpapierrolle
- Pappe
- Eierschachtel
- Große Styroporkugel
- Kleine Styroporkugeln
- Basteldraht
- Schere
- Klebepistole
- Farbe
- Pinsel
- Lack

## So geht's:

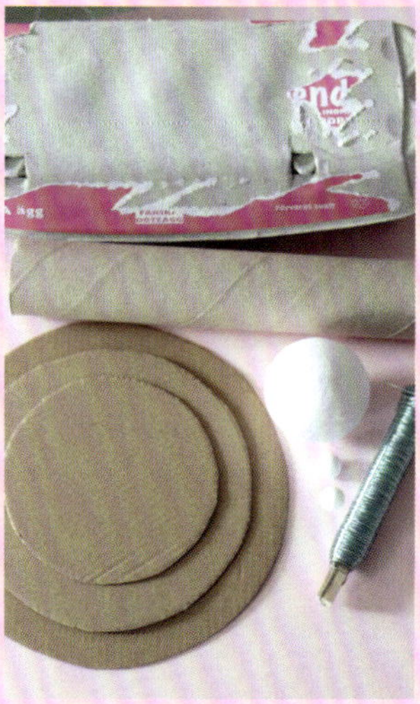

**1.** Du brauchst eine Eierschachtel, eine Küchenpapierrolle, Pappe, eine große und zwei kleine Styroporkugeln sowie Basteldraht.

**2.** Schneide die Küchenrolle in zwei größere Stücke und ein kleineres Stück. Nimm verschiedene Teller in drei Größen als Vorlage und schneide die Kreise für die Kuchenteller aus Pappe aus.

**3.** Klebe die Rollen mittig auf die Kuchenteller und setze die kürzeste Rolle auf den kleinsten Kuchenteller.

**4.** Bestreiche den Rand der Rollen mit Kleber und klebe die Kuchenteller aufeinander. Befestige die große Styroporkugel oben als Kopf und klebe eine kleine Styroporkugel als Nase an.

**5.** Schneide Details wie Haare, Augen, Mund, Arme, Kragen, Knöpfe und Ballons aus dem Deckel einer Eierschachtel aus. Klebe eine kleine Styroporkugel oben auf den Hut.

**6.** Klebe alle Teile an den Clown, schneide zwei wellenförmige Streifen zu und befestige sie rund um die Kuchenteller, sodass es wie tropfender Zuckerguss oder Sahne aussieht.

**7.** Bemale alle Teile und Details. Wickle zwei Stücke Basteldraht um die Hand des Clowns und befestige die Ballons am anderen Ende genauso.

**8.** Ich habe dann noch alle Kuchenteller lackiert. Dadurch halten sie besser. Lackierte Oberflächen können auch mit einem feuchten Tuch abgewischt werden!

# Bunter REGEN-BOGEN

Mit **PAPPE** als Grundlage und etwas Garn kannst du schnell und einfach diesen schönen Regenbogen basteln.

*Du brauchst:*

Pappe
Garn
Schere
Band
Kleber

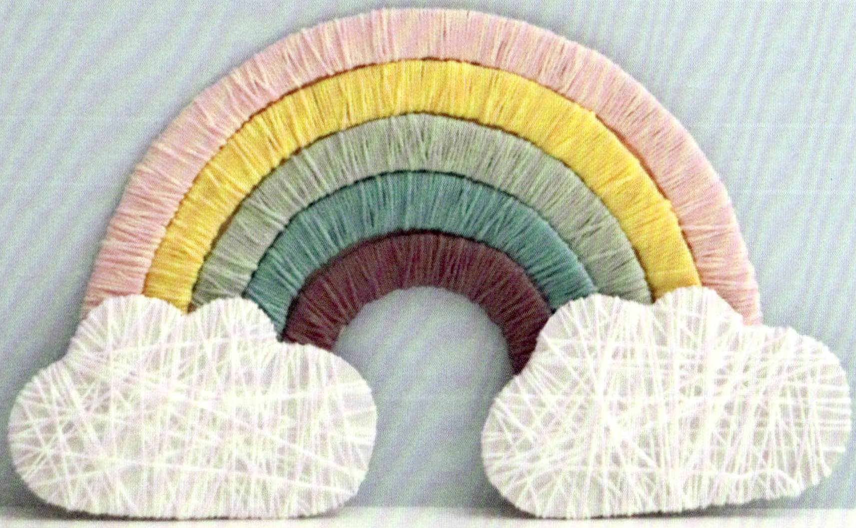

## So geht's:

**1.** Zeichne mithilfe eines runden Tellers einen Halbmond auf ein Stück Pappe. Zeichne dann kleinere Bögen darunter.

**2.** Schneide die Bögen mit einer Schere aus. Umwickle die Bögen nacheinander dicht mit Garn, verknote das Fadenende auf der Rückseite oder klebe es fest.

**3.** Bringe die Bögen in die richtige Reihenfolge. Echte Regenbögen beginnen oben mit Rot, du kannst es aber so machen, wie es dir am besten gefällt.

**4.** Schneide zwei kleine Wolken zu und umwickle sie kreuz und quer mit weißem Garn, bis sie vollständig bedeckt sind.

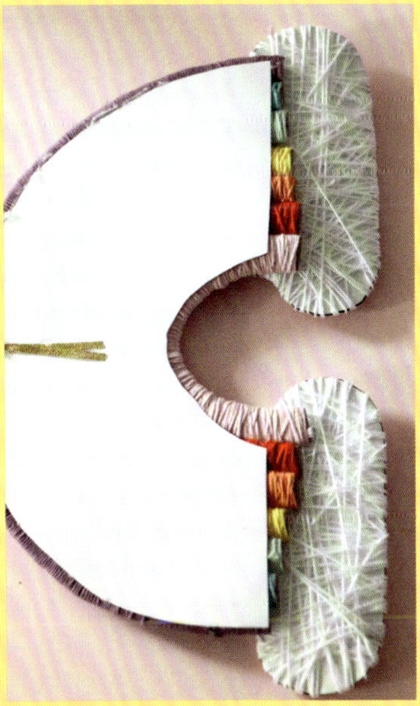

**5.** Schneide aus dickerem Papier oder Pappe eine Regenbogenform aus. Sie sollte zur Form deines Regenbogens passen. Klebe deine Bögen auf die Form.

**6.** Befestige eine Schnur oder ein Band am oberen Ende des Regenbogens. So kannst du ihn auch an die Wand hängen.

# Tanzende HAMPELBALLERINA

Aus einer **NUDELVERPACKUNG** kannst du eine lustige Hampelballerina basteln!

# So geht's:

**1.** Du brauchst eine leere Verpackung und kleine Musterklammern.

**2.** Zeichne einen Körper mit einem Kopf, vier Armteilen und vier Beinteilen.

**3.** Schneide alle Teile aus und markiere, wo Löcher gebohrt werden müssen, um die Teile zusammenzufügen.

**4.** Bemale alle Teile mit Farbe und Pinsel.

**5.** Ich habe die Konturen mit einem schwarzen Stift aufgezeichnet.

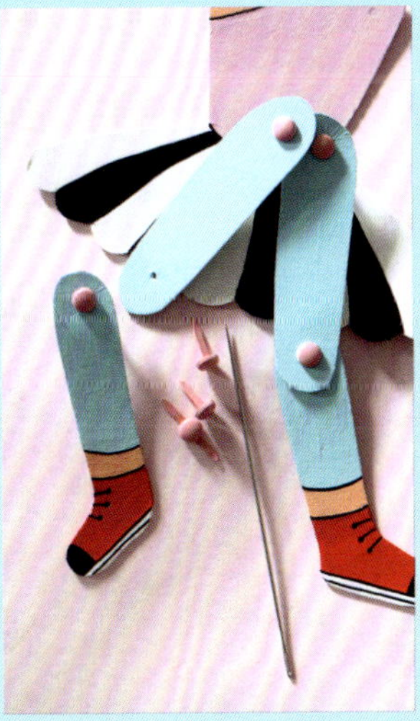

**6.** Bohre Löcher mithilfe einer Nadel und stecke die Musterklammern hindurch.

**7.** Verbinde alle Arme und Beine.

**8.** Klebe jeweils zwischen die Arme und die Beine einen Faden mit der Klebepistole fest. Dann verbinde beide Fäden in der Mitte mit einem weiteren Faden, den man nach unten ziehen kann. So bewegen sich die Arme und Beine nach oben.

*Du brauchst:*

- Nudelverpackung
- Musterklammern
- Bleistift
- Farbe
- Pinsel
- Nadel
- Schwarzer Stift
- Schere
- Faden
- Klebepistole

# Papp-
# DINOSAURIER

Experimentiere mit verschiedenen Formen und baue furchterregende Dinosaurier in 3D aus **PAPPE.**

## So geht's:

**1.** Zeichne einen Körper, zwei Beine, ein Paar Arme und eine Beinhalterung auf ein Stück Pappe und schneide alle Teile aus.

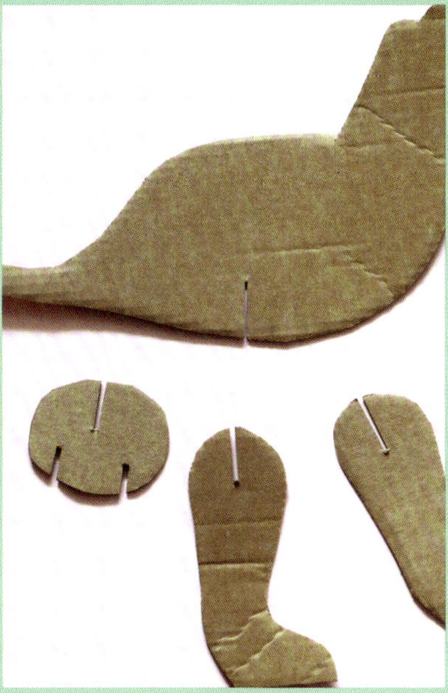

**2.** Schneide die Teile ein wie auf dem Foto, damit du sie später zusammenstecken kannst.

**3.** Bemale die Kartonstücke auf beiden Seiten mit deinen Lieblingsfarben.

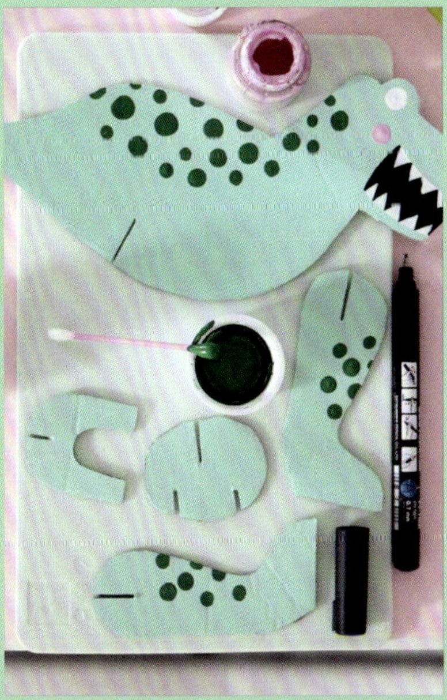

**4.** Tupfe mit einem Wattestäbchen Punkte auf und zeichne die Augen und das Maul mit einem schwarzen Stift.

**5.** Wenn alle Teile trocken sind, kannst du sie zusammenstecken und Dinosaurier spielen!

*Du brauchst:*

Pappe
Wattestäbchen
Schere
Farbe
Pinsel
Schwarzer Stift

# Klopapierrollen

**KÜCHEN- UND KLOPAPIERROLLEN** gehören zu meinen absoluten Lieblingsmaterialien. Man kann echt nicht begreifen, wie nützlich sie tatsächlich sind! Es gibt sehr viele lustige Projekte, die man sich ausdenken kann.

Ich habe nur vier Projekte in dieses Buch aufnehmen können, aber es gibt natürlich noch einige mehr! Heißer Tipp von mir: Suche im Internet nach Bastelideen mit Klopapierrollen! Meine beste Inspirationsseite ist Pinterest, wo ich mich stundenlang umschauen kann. Suche nach Projekten, die du gerne ausprobieren möchtest, und setze sie in deinem eigenen Stil mit Farben und Mustern um, die dir gefallen.

Ich sammle alle Klopapierrollen, die ich in die Finger bekomme. Das ist jeden Monat eine ganze Menge. Die Rollen nehmen die Farbe leicht auf und machen das Basteln zum Vergnügen.

Ich hoffe, du probierst einige der Bastelprojekte auf den kommenden Seiten im Klopapierrollenkapitel aus!

# Tanzendes EINHORN

*Du brauchst:*

- Eierschachtel
- Küchenrolle
- Schere
- Nadel
- Klebepistole
- Farbe
- Pinsel
- Kleine Plastikdeckel
- Eisstiele
- Dünner Faden
- Zeitungspapier
- Grillspieß

Bastle eine tanzende Marionette, die wie ein Einhorn aus **KLOPAPIERROLLEN** aussieht!

# So geht's:

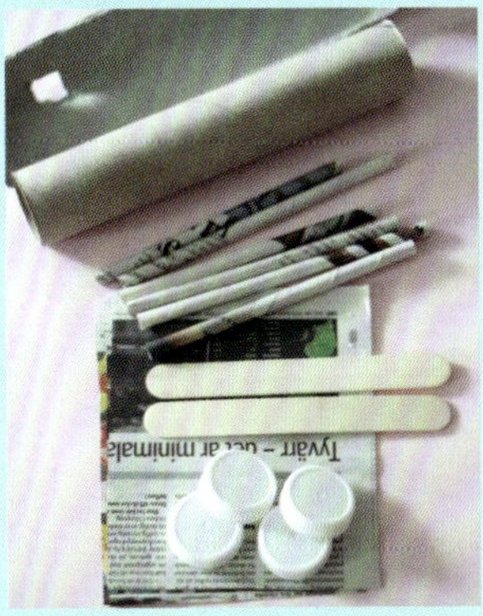

**1.** Nimm eine Eierschachtel, zwei Eisstiele, vier Plastikdeckel, Zeitungspapier und eine Küchenrolle.

**2.** Bohre mit einem spitzen Gegenstand, z. B. einer Nadel oder einem Grillspieß, jeweils ein Loch in die Mitte der Plastikdeckel. Bemale die Deckel mit goldener Farbe.

**3.** Schneide aus der Küchenrolle einen Kopf und einen Körper zu. Schneide aus einer Eierschachtel Details aus und klebe sie an. Bemale die Teile.

**4.** Mache neun Papierröhrchen aus Zeitungspapier (siehe Seite 98) und bemale sie in der gleichen Farbe wie den Körper.

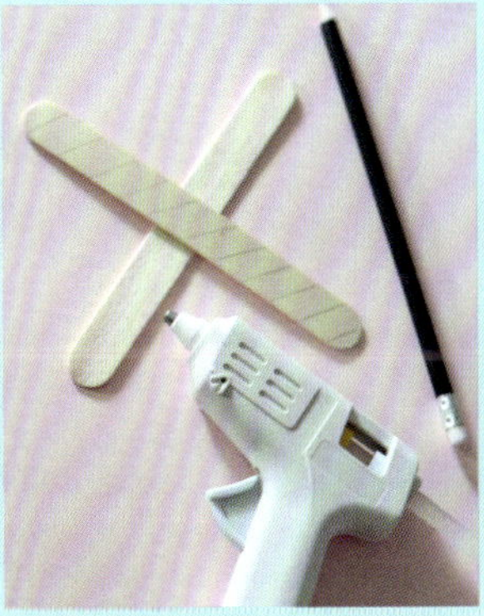

**5.** Klebe zwei Eisstiele über Kreuz zusammen und bemale sie in einer schönen Farbe oder einem hübschen Muster.

**6.** Verziere den Körper mit einem Schweif und einer Mähne. Schneide acht Beinteile und einen Hals aus den Papierröhrchen zu.

**7.** Ziehe mit einer Nadel einen Faden durch den Teil der Rolle, der der Körper sein soll.

**8.** Befestige zwei Beinteile mit einem Plastikdeckel am Ende von jedem Bein an jeder Seite.

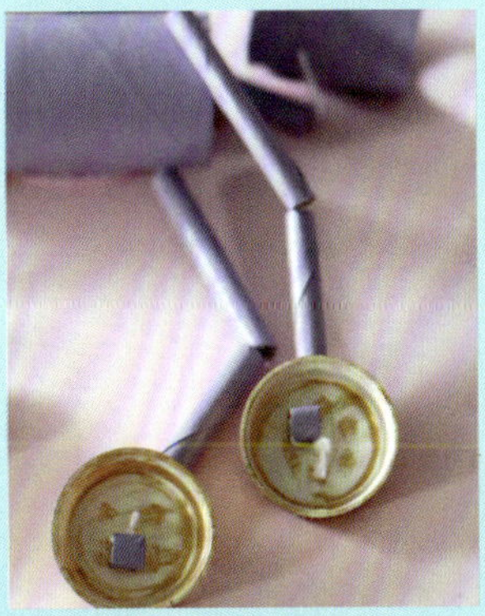

**9.** Befestige den Faden mit einem kleinen Stück des Papierröhrchens an der Innenseite der Plastikdeckel, damit die Beine sicher sitzen.

**10.** Stich mit der Nadel leicht schräg durch den Kopf. Befestige den Hals zwischen Kopf und Körper.

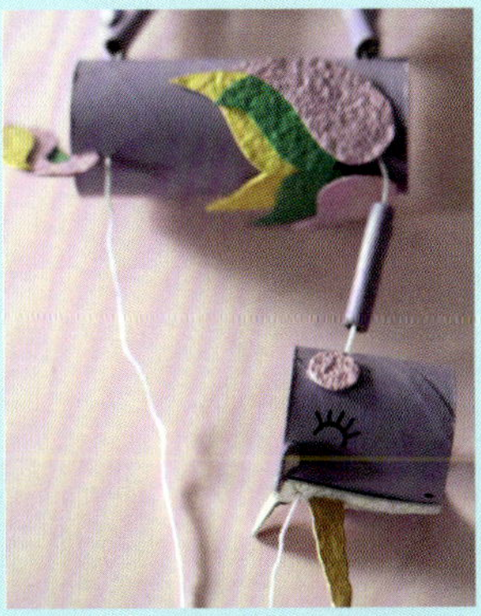

**11.** Lasse den gleichen Faden durch den Körper laufen und stich die Nadel mit dem Faden hinten vor dem Schweif wieder aus.

**12.** Befestige den Faden von Kopf und Schweif am Kreuz aus Eisstielen. Jetzt kann das Einhorn seine ersten Tanzschritte machen!

# Raumfahrende ASTRONAUTEN

Mache mit den Astronaut*innen und ihrer Rakete aus **KLOPAPIERROLLEN** eine Reise zum Mond.

*Du brauchst:*

Styroporkugel
Eierschachtel
Zeitungspapier
Biegbarer Trinkhalm
Klopapierrolle
Küchenrolle
Plastikdeckel von einer Spraydose
Schere
Klebepistole
Farbe
Pinsel

## So geht's:

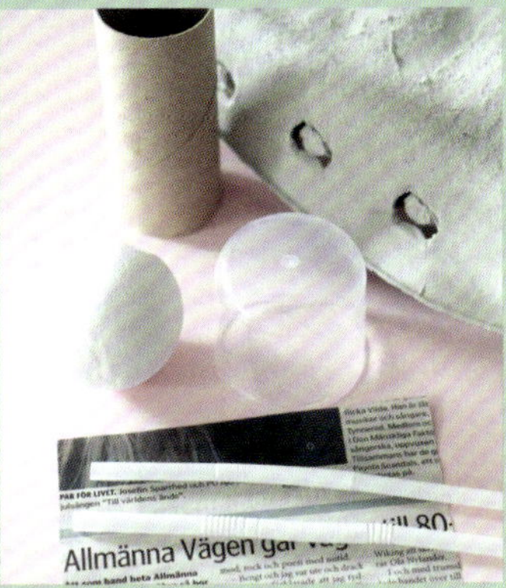

**1.** Du brauchst eine Klopapierrolle, eine Eierschachtel, eine Styroporkugel, einen Plastikdeckel von einer Spraydose, einen biegbaren Trinkhalm und Zeitungspapier.

**2.** Schneide einen Kragen, zwei Arme und die Bauchplatte aus dem Deckel der Eierschachtel zu.

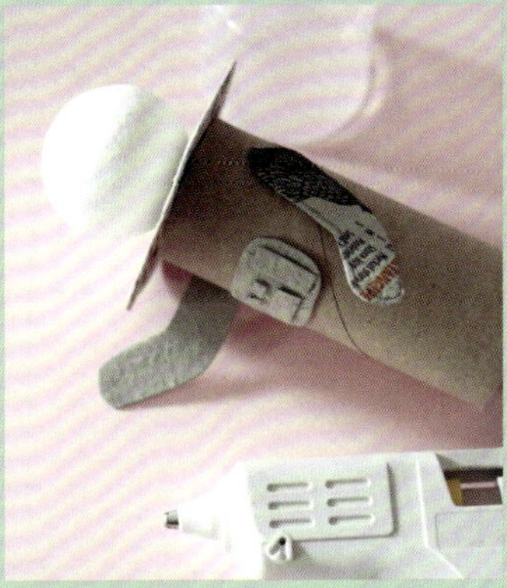

**3.** Klebe die Teile auf die Klopapierrolle.

**4.** Bastle eine kleine Flagge und klebe sie an ein Papierröhrchen. Auf Seite 98 kannst du nachsehen, wie du Papierröhrchen selber machen kannst.

**5.** Schneide einen Rucksack und Haare aus der Innenseite der Eierschachtel zu. Klebe die Teile an dem oder der Astronaut*in fest.

**6.** Bemale alle Details. Ich habe matte Hobbyfarbe verwendet.

**7.** Klebe den Deckel an und befestige den gebogenen Teil der Trinkhalme zwischen Rucksack und Helm.

**8.** Befestige die Flagge an der Hand des oder der Astronaut*in und schreibe einen Namen darauf, wenn du möchtest.

**9.** Für die Rakete kannst du eine Küchenrolle verwenden und die Oberseite aus einer Eierschachtel ausschneiden.

# Looping-FLUGZEUGE

Baue aus **KLOPAPIERROLLEN** Flugzeuge, die alle möglichen Kunststücke in der Luft machen können!

*Du brauchst:*

Karton
Klopapierrolle
Zeitungspapier
Plastikdeckel von einer Spraydose
Musterklammer
Korken
Schere
Messer
Nadel
Klebepistole
Farbe
Pinsel
Bleistift

# So geht's:

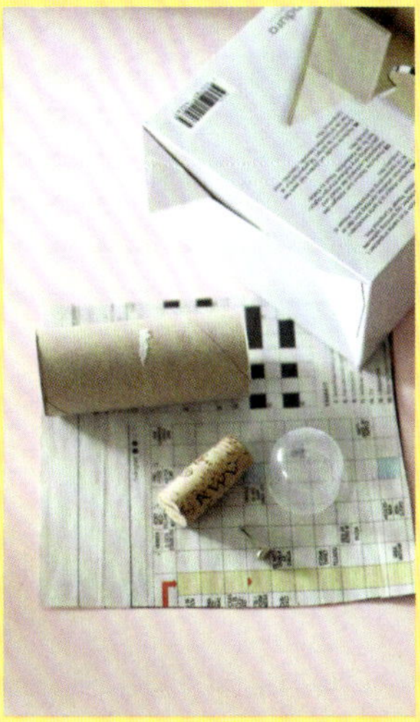

**1.** Du brauchst einen leeren Karton, eine Klopapierrolle, Zeitungspapier, einen Plastikdeckel von einer Spraydose, eine Musterklammer und einen Korken.

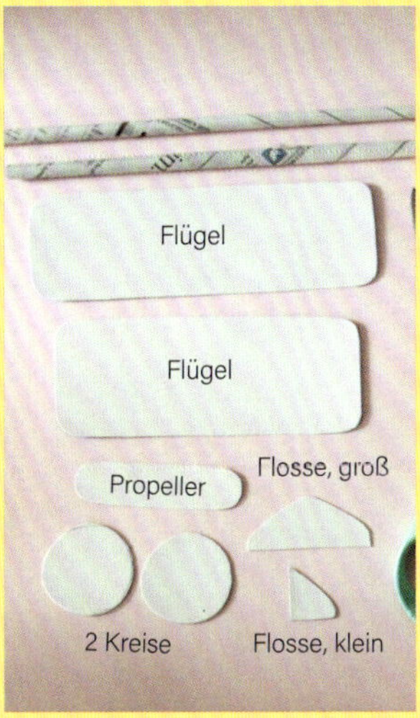


**2.** Rolle zwei Papierröhrchen aus Zeitungspapier (siehe Seite 98). Schneide zwei Flügel, einen Propeller, zwei Flossen und zwei Kreise aus dem Karton zu, wie auf dem Foto gezeigt.

**3.** Bohre mit einer Nadel ein Loch in einen der Kreise, stecke eine Musterklammer hindurch und befestige den Propeller, sodass er sich drehen kann.

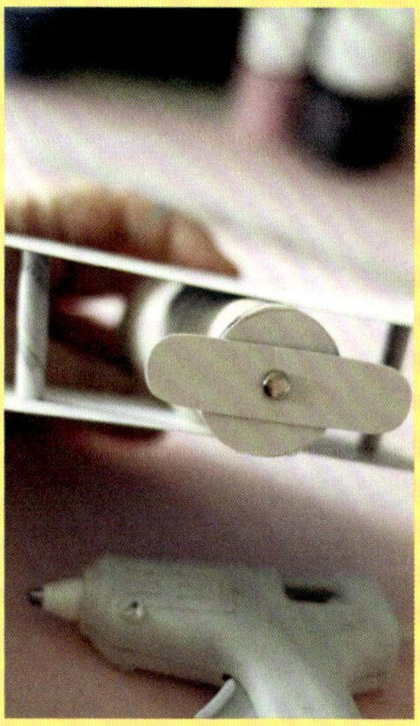

**4.** Befestige den Kreis mit dem Propeller vorne an der Rolle. Klebe die Flügel über und unter der Klopapierrolle an und stütze sie mit Röhrchen aus Zeitungspapier dazwischen ab.

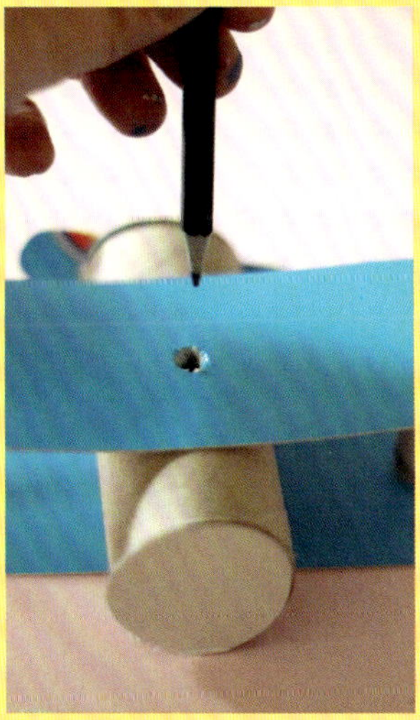

**5.** Drehe das Flugzeug um und bohre ein Loch mit einem scharfen Gegenstand, z. B. einer Nadel. Vergrößere das Loch etwas mit einem Bleistift. Stecke dann ein langes Papierröhrchen hinein.

**6.** Befestige die beiden Flossen und den zweiten Kreis am Heck des Flugzeugs.

**7.** Schneide einen Korken zurecht und male einen Kopf für den oder die Pilot*in auf. Kontrolliere, dass oben der Deckel der Spraydose darüber passt, das wird das Cockpit.

**8.** Bemale das gesamte Flugzeug und den oder die Pilot*in, bevor du den Deckel aufklebst. Dann wird es Zeit, die Motoren zu starten und loszufliegen!

Pausenzeit

# TEESERVICE

Nimm **KLOPAPIER-ROLLEN** und bastle ein süßes Teeservice.

*Du brauchst:*

- Eierschachtel
- Klopapierrollen
- Kleine Plastikdeckel
- Schere
- Klebepistole
- Farbe
- Pinsel
- Schwarzer Stift
- Schmale Papierrollen

# So geht's:

**1.** Du brauchst eine große Eierschachtel mit Deckel, Klopapierrollen und Plastikdeckel von Milchpackungen.

**2.** Schneide die Klopapierrollen in der Mitte durch, sodass Teetassen entstehen. Schneide Böden, Deckel und Griffe aus dem Deckel einer Eierschachtel zu.

**3.** Klebe zwei Plastikdeckel zusammen und trage zusätzlich etwas Schmelzkleber auf die Fuge auf. Das sieht dann wie eine Kuchenfüllung aus.

**4.** Schneide aus dem Deckel einer Eierschachtel Unterteller für die Tassen zu. Klebe den Griff, den Deckel und kleine Kreise als Augen an der Teekanne fest.

**5.** Bemale alle Teile in den Farben, die dir gefallen.

**6.** Male mit einem schwarzen Stift kleinere Details für Augen und Mund, das geht etwas einfacher als mit einem Pinsel.

**7.** Verwende schmale Papierrollen, zum Beispiel von Backpapier oder Frischhaltefolie, und forme daraus süße Stückchen, zum Beispiel leckere Marzipanrollen.

**8.** Lade alle deine Freund*innen zu einer Teeparty ein!

# Eier-schachteln

**EIERSCHACHTELN** sind weitere Lieblingsmaterialien von mir, obwohl es eine Weile gedauert hat, bis ich verstanden habe, was man alles Tolles daraus machen kann – es gibt so viele verschiedene Formen, die man nutzen kann!

Aus dem geraden Deckel schneide ich verschiedene flache Formen zu. Aus den leicht spitzen Teilen, die die Eier halten, kann man Hüte, Nasen, kleine Tannen, Blumen oder viele andere lustige Dinge basteln.

Ich kaufe Eierschachteln oft nach Modell und sorge dafür, zu Hause einen Vorrat an verschiedenen Formen und Farben zu haben. Manchmal haben sie schon von vornherein wirklich schöne Farben. Wenn du Eierschachteln bemalen möchtest, nehmen sie die Farbe sehr gut auf und lassen sich leicht schneiden und formen.

In diesem Kapitel präsentiere ich einige meiner besten Ideen zum Basteln mit Eierschachteln!

# Tier PORTRÄT

Stelle schöne Bilder und Porträts deiner Lieblingstiere aus **EIERSCHACHTELN** her!

*Du brauchst:*

- Eierschachteln
- Pappe
- Schere
- Klebepistole
- Farbe
- Pinsel

# So geht's:

**1.** Du brauchst Eierschachteln und Pappe. Schneide aus der Pappe kleine Bilderrahmen zu.

**2.** Die Formen von der Innenseite oder dem Boden einer Eierschachtel ergeben natürliche Formen und Teile für die Tiergesichter.

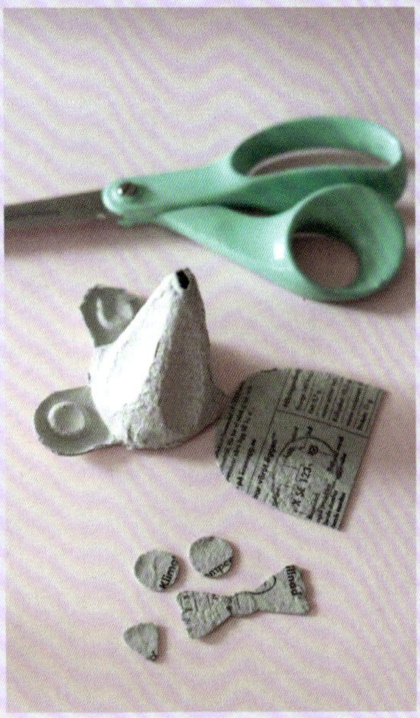

**3.** Schneide eine spitze Nase mit Augen sowie Körperteile, Wangen, Nase und eine Fliege aus.

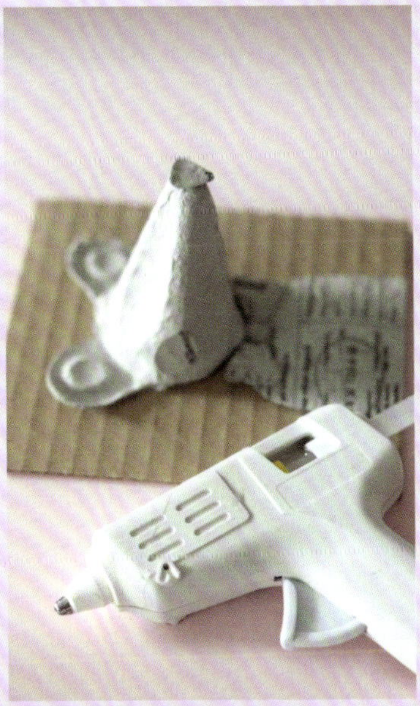

**4.** Klebe die Teile auf den kleinen Bilderrahmen.

**5.** Bemale den Rahmen und das Tier mit einer beliebigen Farbe.

**6.** Verwende verschiedene Arten von Eierschachten und lasse dich zu verschiedenen Tierarten inspirieren!

# *Verspielte*
# FINGERPUPPEN

Mit diesen lustigen Puppen aus **EIERSCHACHTELN** lassen sich spannende Märchen und Geschichten erzählen!

*Du brauchst:*

Eierschachtel
Schere
Klebepistole
Farbe
Pinsel
Schwarzer Stift

## So geht's:

**1.** So eine kleine Eierschachtel reicht für zwei Handpuppen. Es werden hauptsächlich die spitzen Mittelteile verwendet.

**2.** Schneide einen der Kegel ab und schneide Teile für Ohren, Augen, Wangen und Nase aus dem Deckel der Eierschachtel aus.

**3.** Klebe die Teile an die gewünschte Stelle.

**4.** Bemale die größeren Teile mit Hobby- oder Acrylfarbe.

**5.** Kleinere Details lassen sich am einfachsten mit einem wasserfesten Stift aufzeichnen.

**6.** Bastle verschiedene Figuren und Tiere in verschiedenen Farben, du hast sicherlich viele gute Ideen!

# Leckere KAROTTEN

*Du brauchst:*

- Eierschachtel
- Schere
- Klebepistole
- Farbe
- Pinsel
- Schwarzer Stift
- Wattestäbchen

Mache süße, kleine Karotten aus **EIERSCHACHTELN**

## So geht's:

**1.** Verwende den Deckel und die Innenseite einer Eierschachtel.

**2.** Schneide aus der Innenseite der Eierschachtel einen Kegel ab. Schneide aus dem Deckel einen Kreis und einen geraden Streifen zu. Schneide den Streifen an einer Seite in kleine Fransen.

**3.** Klebe den Kreis auf den Kegel. Rolle den Streifen zusammen und klebe das Ende mit einer Klebepistole fest.

**4.** Klebe den Fransenstreifen oben an der Karotte fest und ziehe die Fransen mit den Fingern ein wenig auseinander.

**5.** Male die Karotte orange und das Kraut grün oder wähle eine andere Farbe, die dir gefällt.

**6.** Tupfe die Wangen und das Augenweiß mit einem Wattestäbchen auf und zeichne die kleineren Details mit einem schwarzen Stift auf.

# Blühender KRANZ

Stell dir vor, aus ein paar **EIERSCHACHTELN** wird ein schöner Blumenkranz. Mach mit, ich zeige dir, wie es geht!

*Du brauchst:*

Eierschachtel
Schere
Klebepistole
Farbe
Pinsel
Schönes Band
Stift

## So geht's:

**1.** Du brauchst ein paar Eierschachteln. Nimm gerne welche in verschiedenen Größen und Formen, denn die sind gut zu gebrauchen.

**2.** Schneide die schalenförmigen Eierhalter und andere schöne Formen aus, die du siehst.

**3.** Schneide die Schalenformen ringsum ein, um Blütenblätter zu bilden.

**4.** Runde die Enden etwas ab, damit sich schöne Blütenblätter ergeben. Für die blaue Nelke die Blütenblätter spitz schneiden und zwei Blüten übereinanderlegen, damit die Nelke fülliger wird.

**5.** Klebe die Mittelteile auf die Blumen und bemale sie in schönen Farben.

**6.** Aus dem Deckel der Eierschachtel kannst du Streifen zuschneiden und diese zu einem langen Stück zusammenkleben, als Basis für den Kranz. Bemale den Streifen mit grüner Farbe.

**7.** Klebe alle Blumen mit einer Klebepistole an der Kranzbasis fest. Wickle dünne Streifen um einen Bleistift und forme so grüne Locken.

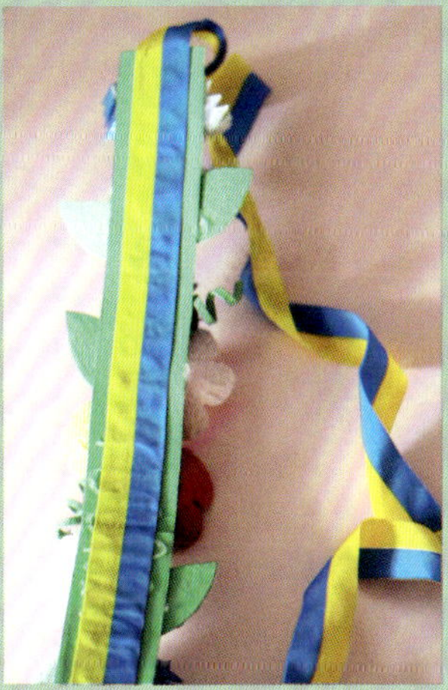

**8.** Klebe ein schönes Band auf die Rückseite der Kranzbasis, sodass sich der Kranz mit einer Schleife um den Kopf binden lässt.

# Zeitungs-papier

**ZEITUNGSPAPIER** ist ein super Papier, das man für viele verschiedene Dinge verwenden kann. Vielleicht bekommst du eine kostenlose Lokalzeitung nach Hause, die du in etwas Lustiges verwandeln kannst?

Zeitungspapier ist so dünn, dass man es problemlos für Pappmaché verwenden kann. Mit nur wenig Flüssigkleber kannst du haltbare und praktische Schalen und andere Projekte basteln.

Ich verwende Zeitungspapier auch, um Papierröhrchen herzustellen. Aber nicht solche, mit denen man etwas trinken kann, sondern die man für verschiedene Bastelprojekte verwenden kann. Sie lassen sich schnell und einfach aufrollen und in der gewünschten Farbe bemalen.

Auf den kommenden Seiten gebe ich Tipps und Ideen für vier verschiedene Projekte mit Zeitungspapier!

DEBATT. Conny Brännberg (KD), tycker att kyrkan mellan stad och land växer. FOTO: MOSTPHOTOS
AKTUEL
BACKAPLA
DIGESTIV
8:-

# Fliegender HEIßLUFTBALLON

*Du brauchst:*

- Eierschachtel
- Klopapierrolle
- Pappbecher
- Zeitungspapier
- Styroporkugel
- Luftballon
- Schere
- Klebepistole
- Farbe
- Pinsel
- Decoupage-Kleber
- Schwarzer Stift
- Weißer Stift

Aus einem Luftballon und **ZEITUNGS-STREIFEN** kannst du einen lustigen Heißluftballon basteln!

# So geht's:

**1.** Du brauchst eine Eierschachtel, eine Klopapierrolle, einen Pappbecher, eine Styroporkugel, einen Luftballon und Zeitungspapier.

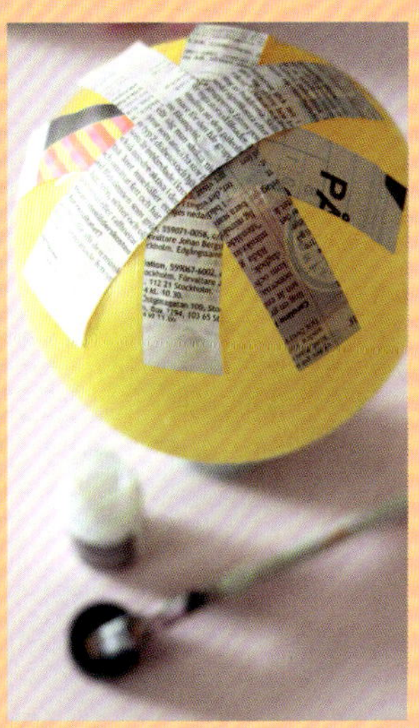

**2.** Blase den Luftballon auf und lege ihn in den Pappbecher. Schneide das Zeitungspapier in Streifen und klebe diese mit Decoupage-Kleber oder Tapetenkleister auf den Luftballon.

**3.** Bedecke bis auf die Unterseite den gesamten Luftballon mit Zeitungspapier in 2–3 Schichten. Lasse den Luftballon 24 Stunden lang trocknen.

**4.** Stelle vier Röhrchen aus Zeitungspapier her (siehe Seite 98). Bemale die Papierröhrchen und den Pappbecher.

**5.** Befestige die Styroporkugel auf der Klopapierrolle und schneide Ohren, Augen, Wangen und Hände aus dem Deckel einer Eierschachtel aus.

**6.** Bemale den Bären und den getrockneten Heißluftballon in schönen Farben.

**7.** Male Streifen auf den Pappbecher, sodass er wie eine Eis- oder Teigwaffel aussieht.

**8.** Stecke die Papierröhrchen in den Becher und setze den Heißluftballon hinein. Er bleibt von selbst da sitzen, aber du kannst auch alle Teile ankleben.

# Rolle eigene PAPIERRÖHRCHEN

Mit **ZEITUNGSPAPIER** kannst du ganz einfach Papierröhrchen herstellen. Das macht Spaß, und sie sind sehr nützlich beim Basteln!

*Du brauchst:*

Zeitungspapier
Grillspieß
Klebestift
Pappe
Farbe
Pinsel
Klebepistole
Schere

# So geht's:

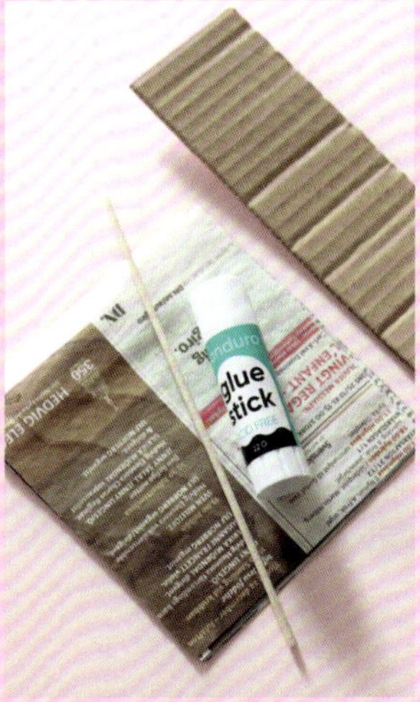


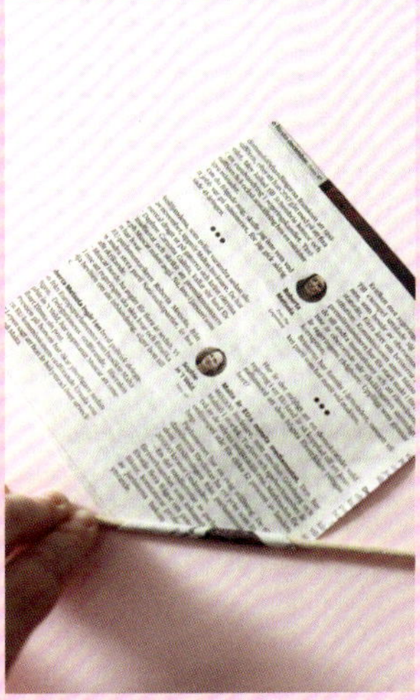

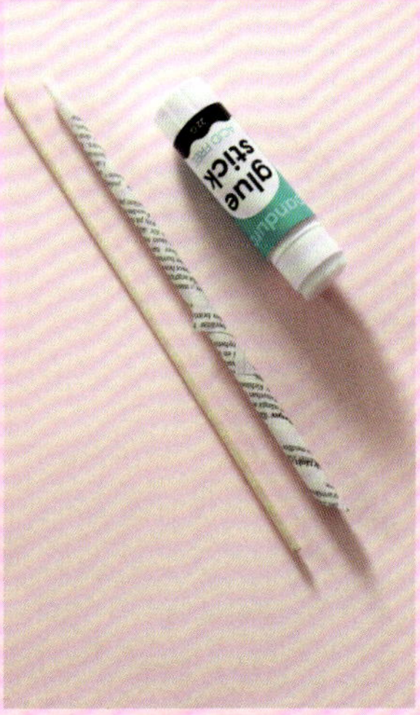


**1.** Um Papierröhrchen herzustellen, benötigst du Zeitungspapier, ein dünnes Stäbchen und einen Klebestift. Um ein Namensschild anzufertigen, benötigst du ein langes Stück Pappe.

**2.** Schneide ein Quadrat aus dem Zeitungspapier aus. Rolle das Papier mit einem Grillspieß, Stäbchen oder dünnen Stift von einer Ecke zur gegenüberliegenden Ecke.

**3.** Wenn du fast bis zur Mitte gerollt hast, kannst du das Stäbchen herausnehmen und ohne weiterrollen. Gebe mit dem Klebestift etwas Kleber auf die Ecke, bevor du weiterrollst.

**4.** Jetzt ist das Papierröhrchen fertig. Nun kannst du viele Röhrchen herstellen und zum Basteln verwenden! Es gibt in diesem Buch einige Projekte, wofür du sie gut gebrauchen kannst.

**5.** Schneide die dünnen Enden an den Röhrchen ab, sodass sie gerade sind.

**6.** Baue Buchstaben aus deinen Röhrchen und klebe sie nebeneinander auf die Pappe.

**7.** Bemale deine Buchstaben und die Pappe mit einer schönen Farbe.

**8.** Probiere es aus und schreibe andere Wörter, vielleicht den Namen deines Idols oder etwas Passendes für Weihnachten, Halloween oder eine Party?

# *Lustige* TIER-SCHALEN

*Du brauchst:*

- Zeitungspapier
- Pappe
- Schere
- Kleber/Tapeten-kleister
- Farbe
- Pinsel
- Klebeband
- Plastikschüssel
- Plastikfolie
- Lack

Mache aus **ZEITUNGS-PAPIER** praktische und süße Schalen zum Aufbewahren kleiner Dinge!

## So geht's:

**1.** Bedecke eine Plastikschüssel mit Frischhalte- oder Plastikfolie, damit du deine Zeitungsschüssel leicht ablösen kannst. Schneide das Zeitungspapier in Streifen und klebe diese mit Flüssigkleber oder Tapetenkleister fest.

**2.** Klebe Streifen aus Zeitungspapier auf, bis die gesamte Plastikschüssel bedeckt ist. Bedecke die Plastikschüssel in mindestens 2–3 Schichten, damit deine Schüssel stabil genug wird.

**3.** Wenn der Kleber trocken ist, kannst du die Schüssel ablösen und die Ränder mit einer Schere geradeschneiden.

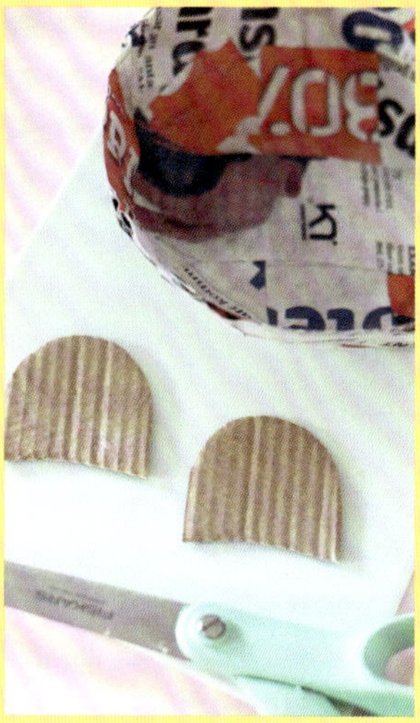

**4.** Schneide zwei Ohren aus Pappe aus. Runde sie etwas ab, damit sie sich besser an die Form der Schüssel anpassen und sich leichter befestigen lassen.

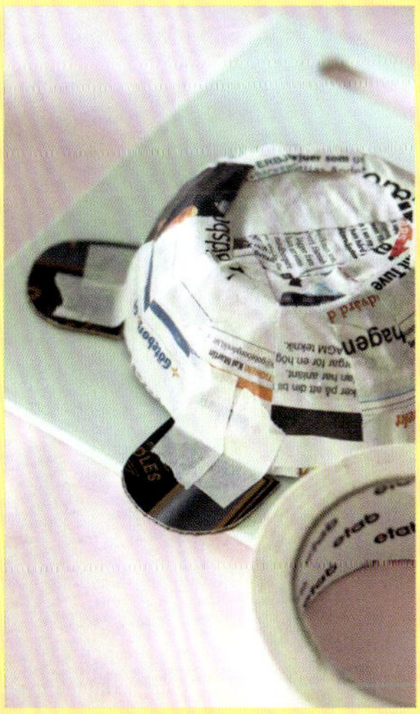

**5.** Klebe die Ohren mit Klebeband am Rand der Schüssel fest.

**6.** Beklebe die Ohren und den Schüsselrand mit Papierstreifen.

**7.** Bemale die Schüssel innen und außen.

**8.** Male Details wie Streifen, Nase, Augen und Wangen auf. Sobald die Farbe getrocknet ist, kannst du die Schüssel lackieren, damit sie länger hält.

# Zeitungs-PORTRÄTS

Schneide schöne oder lustige Porträts von dir selbst oder deinem Lieblingstier aus **ZEITUNGSPAPIER** aus.

*Du brauchst:*

Zeitungen
Klebestift
Schere
Buntes Papier

So geht's:

**1.** Nimm verschiedene Zeitungen und suche nach lustigen Bildern oder Seiten mit schönen Farben.

**2.** Schneide Teile für die Figur aus, die du machen möchtest.

**3.** Klebe die Zeitungsausschnitte mit einem Klebestift auf das Papier.

**4.** Probiere verschiedene Tiere aus oder mache vielleicht ein Porträt von jemandem, den du magst!

# Metall

**METALL** ist ein weiteres gängiges Material, das man häufig zu Hause hat und das hervorragend zum Aufbewahren und Basteln geeignet ist.

Konservenbüchsen in verschiedenen Größen eignen sich perfekt, um sie mit schönem Geschenkpapier, Tapetenresten oder einem aus dem Internet ausgedruckten Bild zu verschönern. Dann nur noch die hübschen Behälter mit verschiedenen Dingen füllen, und schon hast du eine schöne, praktische Aufbewahrung auf deinem Schreibtisch.

Es gibt auch dünneres Metall, das man formen und schneiden kann, zum Beispiel Tuben mit Tomatenmark oder Senf, Bonbonpapier oder Chipstüten.

Chipsdosen gehören zu meinen großen Favoriten – sie lassen sich leicht bemalen und haben einen dazugehörigen Deckel.

Lass dich von den vier folgenden Bastelprojekten mit Metall inspirieren!

Denke daran, dass Metall sehr scharf sein kann. Sei daher vorsichtig beim Schneiden und Basteln!

# *Kleine* KONSERVEN-STROLCHE

Verwende **BLECHDOSEN** und **METALLTUBEN** aus dem Recycling und stelle deine eigenen kleinen Konservenstrolche her.

*Du brauchst:*
Blechdosen
Metalltuben
Eierschachtel
Flaschenverschlüsse
Metalldeckel
Blisterverpackungen
Klebepistole
Schere
Farbe
Pinsel
Lack

## So geht's:

**1.** Du brauchst Konservenbüchsen in verschiedenen Größen, Metalldeckel, Tuben, Flaschenverschlüsse und leere Blisterverpackungen.

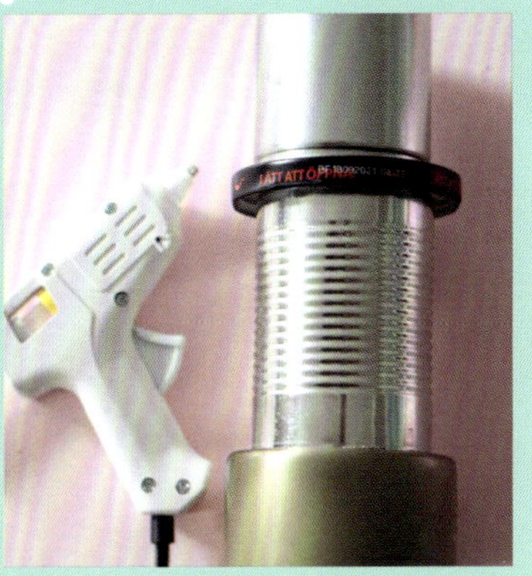

**2.** Klebe die Teile zu einer Figur zusammen. Ich nehme immer einen Deckel als Hutkrempe.

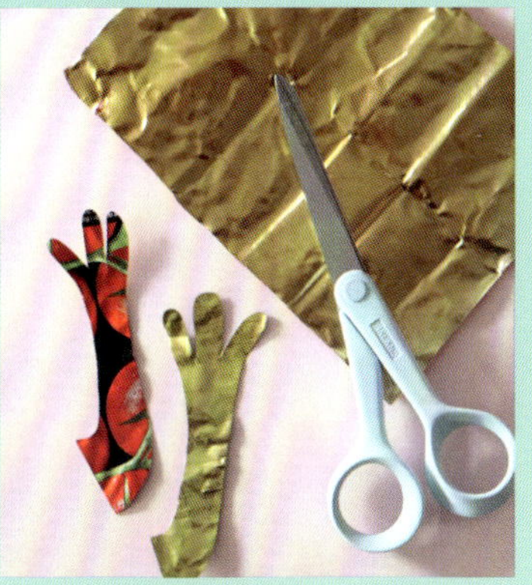

**3.** Schneide eine leere Tube auf und drücke sie flach. Daraus kannst du Arme und andere Details zuschneiden.

**4.** Schneide die Tube in lange Streifen und wickle sie um einen Bleistift, sodass Locken entstehen.

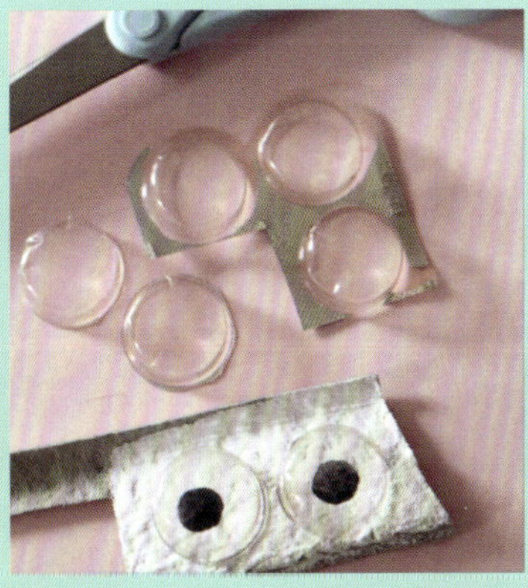

**5.** Bemale ein Stück Eierschachtel und klebe die Plastikfächer aus einer Blisterverpackung darauf.

**6.** Male Details und Muster auf deine Figuren. Oft muss man 2–3 Farbschichten auftragen, bevor die Farbe vollständig deckt.

**7.** Wenn die Farbe trocken ist, kannst du alle Details aufkleben.

**8.** Knicke den Arm unten etwas um, damit du eine größere Fläche zum Aufkleben auf die Figur hast.

**9.** Zum Schluss lackiere ich meine Projekte immer. Das macht die Oberfläche schön haltbar.

# Scharfe STIFTEBOX

**CHIPSDOSEN** in verschiedenen Größen sind super zum Basteln. Probiere diese clevere Aufbewahrung einmal aus!

*Du brauchst:*

Chipsdosen
Eierschachtel
Weißes Papier
Schwarzes Papier
Schere
Klebepistole
Farbe
Pinsel

# So geht's:

**1.** Du brauchst eine Chipsdose, eine Eierschachtel und etwas festeres Papier in Weiß und Schwarz.

**2.** Bemale zuerst die Außenseite der Chipsdose. Trage so viele Schichten Farbe auf, bis sie vollständig deckt.

**3.** Aus dem Deckel der Eierschachtel kannst du Augen, Wangen und Mund ausschneiden.

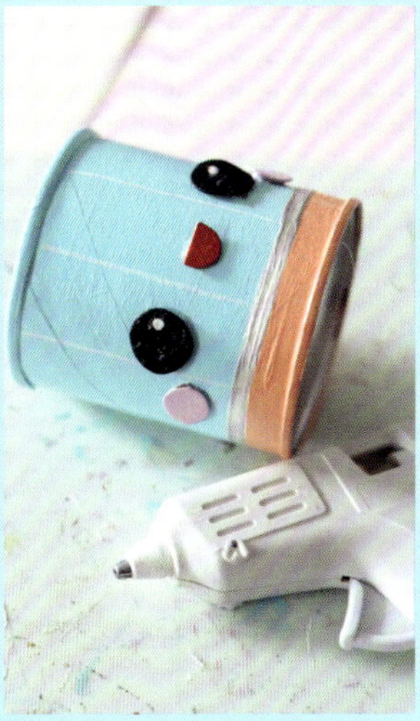

**4.** Male einen Rand in Orange, sodass es wie ein Radiergummi am unteren Rand der Dose aussieht, und klebe Augen, Wangen und Mund mit der Klebepistole fest.

**5.** Nimm den Deckel der Chipsdose als Schablone und schneide einen schwarzen Halbkreis aus. Klebe diesen auf einen etwas größeren Halbkreis in Weiß. Als Vorlage dient ein Unterteller.

**6.** Klebe die beiden Halbkreise zu einem Kegel zusammen. Wenn er zu groß für den Deckel ist, kannst du die Kante mit einer Schere zurückschneiden, damit er kleiner wird und besser passt.

**7.** Fülle deine Dosen mit Stiften, Radiergummis oder etwas anderem und setze die Deckel darauf.

**8.** Verwende Chipsdosen unterschiedlicher Größe und stelle Stiftehalter in unterschiedlichen Höhen her.

# Verschlafenes MÄUSEBETT

Die Korkmäuse sind müde und werden für die Nacht in ihren Betten aus **BLECHDOSEN** schlafen gelegt.

*Du brauchst:*

- Eierschachtel
- Flache Blechdose
- Schere
- Messer
- Runder Korken
- Gerader Korken
- Filzstoff
- Blisterverpackung
- Farbe
- Pinsel
- Schwarzer Stift
- Klebepistole

## So geht's:

**1.** Du brauchst flache Blechdosen, Filzstoff, eine Eierschachtel, Korken und Blisterverpackungen.

**2.** Verwende den größeren, runden Korken für den Körper der Maus und schneide die Ohren aus dem geraden Korken zu. Schneide ein kleines Dreieck aus dem Ohr heraus, damit es sich leichter befestigen lässt.

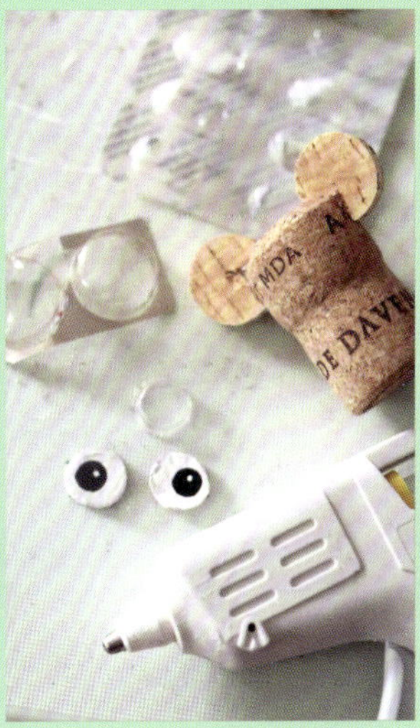

**3.** Schneide die runden Teile aus den Blisterverpackungen aus, bemale kleine, runde Stücke der Eierschachtel als Augen und klebe sie hinein.

**4.** Bemale die Maus und klebe die Augen auf. Schneide kleine Arme aus der Eierschachtel aus und klebe sie an der Seite des Körpers fest.

**5.** Bemale die flache Blechdose. Ich habe die Innenseite schwarz und die Außenseite weiß bemalt. Trage so viele Schichten Farbe auf, bis sie deckt.

**6.** Schneide aus dem Deckel der Eierschachtel Schmusetiere und einen Mond aus. Bemale sie und zeichne die Details mit einem schwarzen Stift.

**7.** Lege die Maus in das Bett und schneide eine Decke aus dem Filzstoff zu.

**8.** Klebe den Mond in die Ecke und das kleine Schmusetier in die Hand der Maus.

# Schlagfertige TROMMELN

Mit recycelten **KONSERVENDOSEN** und Luftballons kannst du ein ganzes Orchester mit Trommeln erschaffen!

*Du brauchst:*

Blechdosen
Gerade Korken
Luftballons
Zeitungspapier
Schere
Messer
Klebepistole
Farbe
Pinsel

## So geht's:

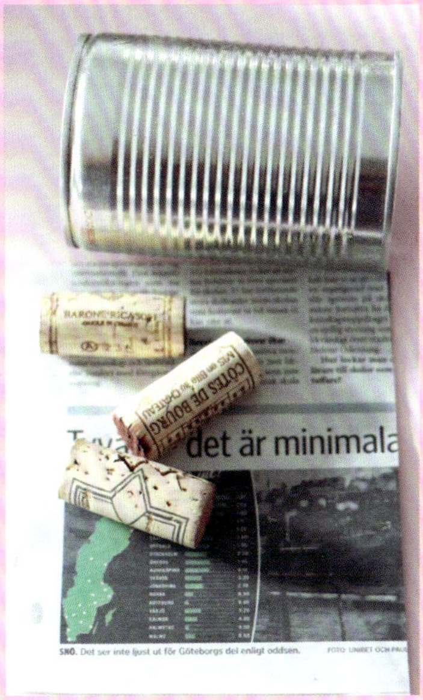


**1.** Du brauchst Blechdosen, Korken, Zeitungspapier und Luftballons.

**2.** Rolle das Zeitungspapier zu Papierröhrchen (siehe Seite 98). Schneide die Korken mit einem Messer in drei Teile, klebe sie an die Papierröhrchen und bemale die Schlägel.

**3.** Male ein Muster auf die Außenseite der Blechdose.

**4.** Schneide den schmalen Teil des Luftballons ab.

**5.** Spanne den Luftballon über die Blechdose, sodass er oben völlig glatt ist. Jetzt kannst du mit dem Trommeln beginnen!

### TIPP!

Baue mehr Instrumente für dein Orchester! Wie wäre es mit einer Rassel aus Klopapierrollen und Erbsen oder einer Gummibandgitarre?

# Eisstiele

**EISSTIELE** sind wahrscheinlich die Überbleibsel einer schönen Zeit, die du mit Eisessen verbracht hast! Hebe die Stiele auf und bastle lustige Projekte damit. Wenn du nicht genug hast, kannst du im Hobbyfachhandel große und kleine Holzstiele kaufen.

Was mir an Eisstielen so gefällt, ist, dass man einfach damit basteln kann und sie sich leicht auf die gewünschte Länge zuschneiden lassen.

Hier im letzten Kapitel des Buches werden wir vier Bastelprojekte mit Holzstielen umsetzen. Ich hoffe, du freust dich darauf!

# Alles im Blick
# LESEZEICHEN

Bastle ein süßes und praktisches Lesezeichen aus **EISSTIELEN!**

*Du brauchst:*

- Eierschachtel
- Eisstiele
- Schere
- Klebepistole
- Farbe
- Pinsel
- Schwarzer Stift

## So geht's:

**1.** Du brauchst Eisstiele und ein Stück Eierschachteldeckel.

**2.** Schneide kleine Figuren aus dem Deckel der Eierschachtel aus und klebe sie oben auf die Eisstiele.

**3.** Bemale die Stiele und die Figuren.

**4.** Zeichne kleine Details wie Mund und Augen mit einem schwarzen, dünnen Stift auf.

# „Eisige" FIGUREN

Lasse deiner Fantasie freien Lauf und bastle lustige und verrückte Figuren aus **EISSTIELEN.**

*Du brauchst:*

Eisstiele
Schere
Klebepistole
Farbe
Pinsel
Schwarzer Stift

## So geht's:

**1.** Du brauchst ein paar Eisstiele oder Holzstäbchen aus einem Hobbyladen.

**2.** Um eine Wolke zu basteln, kannst du Stiele in unterschiedliche Längen schneiden. Sie bilden zusammen die Wolke. Runde die Stiele an den Enden ab.

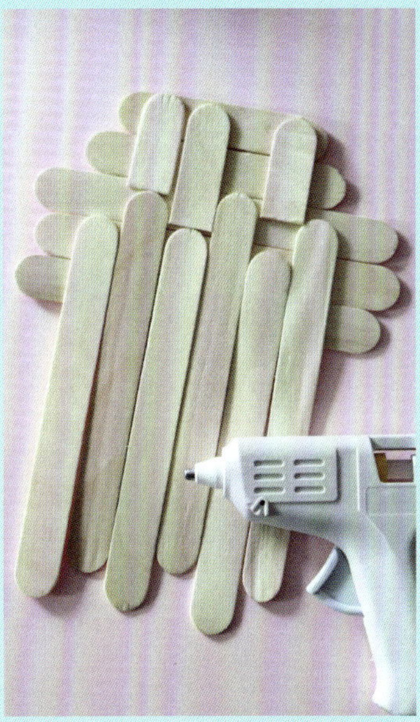

**3.** Klebe sechs lange Stiele in unterschiedlichen Höhen auf die Rückseite der Wolke. Verwende oben ein paar kleine Stücke als Stütze.

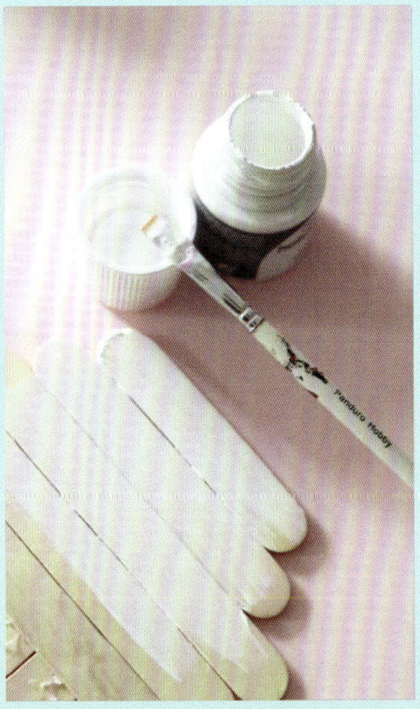

**4.** Bemale alle Teile.

**5.** Versuche, Wangen und Mund aus einem Eisstiel auszuschneiden. Das ist etwas knifflig, aber machbar!

**6.** Wenn du Augen mit Wimpern zeichnen möchtest, nimm lieber einen Stift anstatt einen Pinsel, dann geht es besser.

# *Gemütliches* ETAGENBETT

Mache ein supersüßes **ETAGENBETT** für deine Püppchen und Figuren. Hier werden sie wohl sehr schnell einschlafen!

*Du brauchst:*

Eisstiele
Schere
Klebepistole
Farbe
Pinsel

*Für die Girlande:*

Faden
Nadel
Kleine Pompons

**GIRLANDE:** Fädle einen Faden auf eine Nadel. Stich mit der Nadel durch die kleinen Pompons und verteile diese gleichmäßig auf dem Faden.

## So geht's:

**1.** Du brauchst etwa 35 Eisstiele für ein Etagenbett und eine Leiter.

**2.** Lege für jedes Bett sechs Stiele zurecht und klebe sie mit zwei Stielen auf der Rückseite zusammen. Schneide einen der Stiele zuerst mit einer Schere durch.

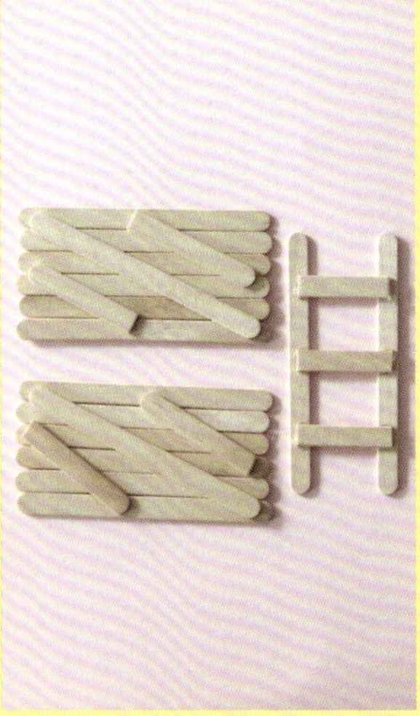

**3.** Mache aus vier Stielen eine Leiter. Klebe die Teile mit der Klebepistole zusammen.

**4.** Klebe jeweils einen weiteren Stiel an die Seiten der Lattenroste. So lassen sich die Bettbeine später leichter befestigen.

**5.** Klebe zwei Stiele auf jeder Seite des Bettes als Bettbeine fest. Klebe oben einen weiteren Stiel als Schutz fest.

**6.** Schneide zwei etwas kürzere Stiele zu und befestige sie an den Schmalseiten des Bettes.

**7.** Forme ein kleines Dach. Schneide zwei Stiele in der Mitte durch und klebe sie auf jeder Schmalseite zu einem Dreieck zusammen. Klebe noch einen Stiel oben fest.

**8.** Bemale das Bett. Ich habe eine Farbe für den Lattenrost und eine andere für das Bettgestell gewählt.

*Hilfreicher*

# SERVIETTEN-HALTER

Das nützlichste Geschenk der Welt? Bastle schöne **SERVIETTENHALTER** aus Eisstielen für den Küchentisch!

*Du brauchst:*

- Eisstiele
- Schere
- Klebepistole
- Farbe
- Pinsel
- Lack

## So geht's:

**1.** Du brauchst viele Eisstiele, etwa 40 Stück. Wenn du noch nicht so viele gesammelt hast, kannst du welche im Hobbygeschäft kaufen.

**2.** Beginne mit der Unterseite des Halters. Lege sechs Holzstiele zurecht und schneide einen weiteren in der Mitte durch. Klebe die beiden Hälften quer darüber.

**3.** Klebe jeweils einen Stiel aufgestellt an jeder Seite fest, damit du die Wände an der Halterung befestigen kannst.

**4.** Lege ein Muster aus zwölf Stielen zurecht. Lasse drei Stäbchen an jeder Seite etwas höher als Ohren herausragen. Klebe zwei Stiele quer darüber.

**5.** Schneide die Stiele unten ab, sodass eine gerade Kante entsteht. Denke daran, dass du Vorder- und Rückseite basteln musst.

**6.** Klebe die beiden Wände an den Seiten des Bodens mit der Klebepistole fest.

**7.** Bemale den Serviettenhalter. Ich habe innen eine Farbe und außen eine andere Farbe gewählt.

**8.** Male Details wie Augen und Nase auf. Lackiere den ganzen Serviettenhalter, wenn die Farbe trocken ist, damit die Oberfläche besonders gut hält!

# TSCHÜSS!

**Ich hoffe, du hast in meinem Buch viele lustige Ideen und Inspirationen gefunden!**
Denke daran, dass du nicht genau das tun musst, was ich getan habe. Ich bin mir sicher, dass du viele lustige und fantasievolle Ideen hast, deinen Basteleien deine eigene Note zu verleihen. Das Wichtigste ist, Spaß zu haben und das zu finden, was dir selbst gefällt, dein eigenes Ding!
Am besten holst du dir Inspiration für ein Projekt, das du gerne ausprobieren möchtest, und wählst dann Farben, Muster und Dekorationen aus, die dir gefallen.

Wenn du mir weiterhin folgen und mehr Inspiration und Ideen bekommen möchtest, suche in den sozialen Medien wie Instagram, Pinterest und Youtube nach **Kreativa Karin,** wir sehen uns dort!

CIRKUS

# Register abc



KREATIVA KARIN

# Impressum

Originalausgabe unter dem Titel „Stora pysselboken – återbruk " von Karin Andersson erschienen bei:

Text, Idee und Fotografie: Karin Andersson
Für die deutsche Ausgabe:
Projektmanagement: Xenia Kuczera
Lektorat: Lena Denu
Übersetzung: Andrea Hauss-Honkanen
Satz: Sabine Vonderstein
Umschlaggestaltung: Mathias Frisch
Herstellung: Vanessa Brunner
Printed in Türkiye by Elma Basim



Die Deutsche Nationalbibliothek verzeichnet diese Publikation in der Deutschen Nationalbibliografie; detaillierte bibliografische Daten sind im Internet über http://dnb.d-nb.de abrufbar.



ISBN 978-3-8411-0316-1

★★★★★

Sind Sie mit diesem Titel zufrieden? Dann würden wir uns über Ihre Weiterempfehlung freuen. Erzählen Sie es im Freundeskreis, berichten Sie Ihrem Buchhändler oder bewerten Sie beim Onlinekauf. Und wenn Sie Kritik, Korrekturen, Aktualisierungen haben, freuen wir uns über Ihre Nachricht an:
Christian Verlag, Postfach 40 02 09, 80702 München
oder per E-Mail an lektorat@verlagshaus.de.

Unser komplettes Programm finden Sie unter

www.christophorus-verlag.de

## Kreativ-Service

Sie haben Fragen zu unseren Büchern und Materialien? Wir beraten Sie gern rund um alle Kreativthemen.
Rufen Sie uns einfach an. Wir interessieren uns auch für Ihre eigenen Ideen und Anregungen.
Sie erreichen uns per E-Mail kreativ-service@c-verlag.de oder unter der Telefonnummer 0049-89-1306 99 577.

Besuchen Sie uns im Internet: **www.christophorus-verlag.de** & **www.selbstgemacht.de**